Zahlenzauber 1

Arbeitsheft
für die Grundschule

Ausgabe Bayern

Erarbeitet von
Bettina Betz (Dachau)
Angela Bezold (Würzburg)
Ruth Dolenc-Petz (Augsburg)
Carina Flamm (Grafenberg)
Hedwig Gasteiger (Osnabrück)
Petra Ihn-Huber (Augsburg)
Christine Kullen (Frickenhausen)
Elisabeth Plankl (Dietfurt)
Beatrix Pütz (Jesenwang)
Carola Schraml (Estenfeld)
Karl-Wilhelm Schweden (Büderich)

Illustriert von
Mathias Hütter
Renate Möller

Ich bin Bim.

Ich bin Simsala.

Und ich bin Eulalia.

Oldenbourg Schulbuchverlag, München

Ergebnisse überprüfen

In diesem Heft findest du ein **Lösungsheft**.
So kannst du damit arbeiten:
Fülle alle Aufgaben einer Seite komplett aus.
Wenn du nachgerechnet hast, darfst du mit dem Lösungsheft vergleichen.

Zeichenerklärung

 Partner- oder Gruppenarbeit

⭐ Aufgaben für Mathe-Experten

📖 Schreibe die Aufgabe in dein Lerntagebuch.

S B S. 4/5 Vergleiche dazu diese Seite im Schulbuch.

Grundwissen-Seiten Das solltest du wissen.

Bist-du-fit-Seiten Hier kannst du noch üben.

Farberklärung

Zahlen und Operationen
Zahlbeziehungen formulieren
Zahlen strukturiert darstellen

Zahlen und Operationen
im Zahlenraum bis 10 rechnen
im Zahlenraum bis 20 rechnen

Zahlen und Operationen
Sachsituationen und Mathematik
in Beziehung setzen

Größen und Messen

Daten und Zufall

Raum und Form

Grundwissen/Bist-du-fit?

Inhaltsverzeichnis

① Male.

5 ⭐	7 🔵	0 🐦	8 ❤️
☆ ☆ ☆ ☆ ☆			

6 🍎	5 🐟	3 🚗	2 🍄

② Kreise ein.

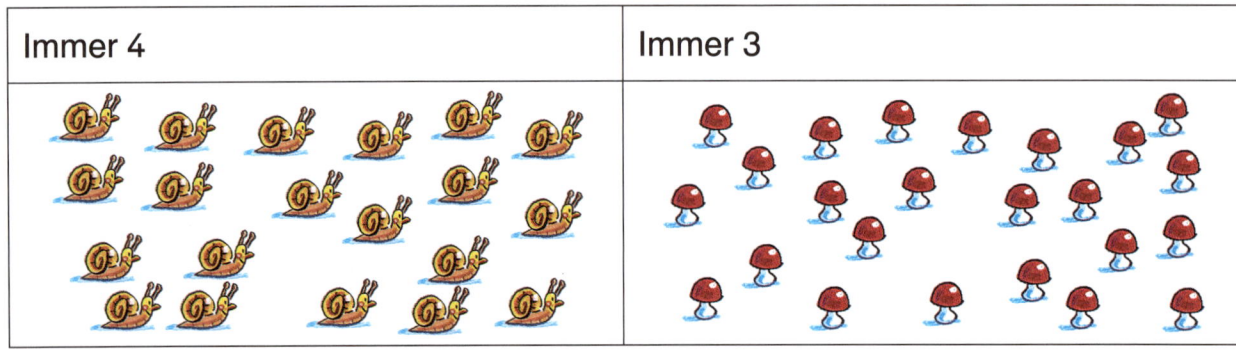

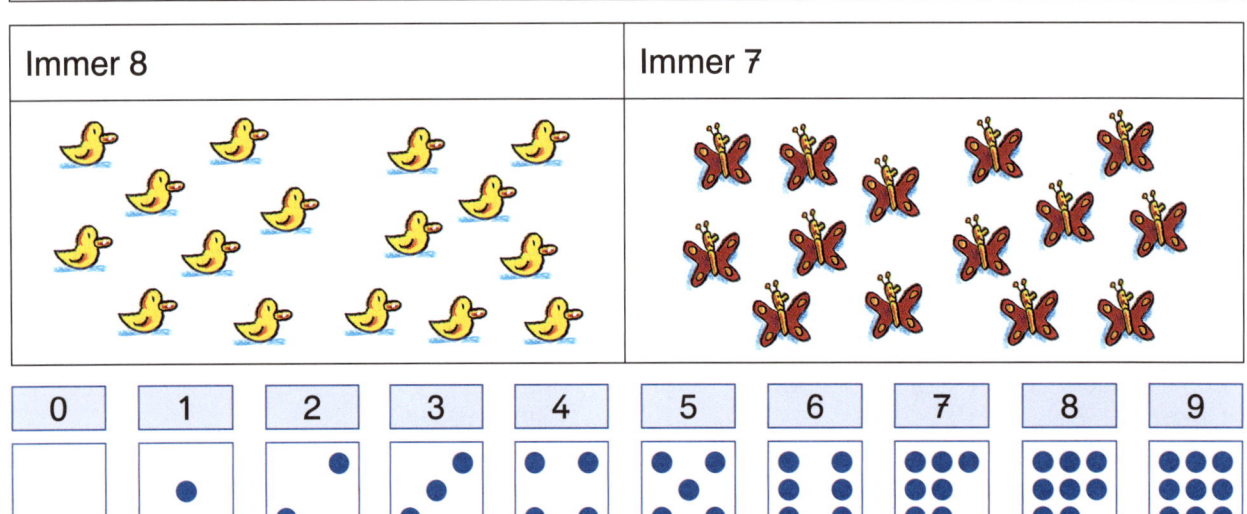

Zahlenzauber 1 – Arbeitsheft © 2014 Oldenbourg Schulbuchverlag GmbH, München

① Wie viele sind es? Zähle und schreibe auf.

🪼	‖‖‖ ‖	7	🐢		
🐟			💍		
🐚			⭕		
⭐			🔑		
🪙					
🐬					

Zahlenzauber 1 – Arbeitsheft © 2014 Oldenbourg Schulbuchverlag GmbH, München

① Spure nach.

② Spure nach und führe fort.

0	0							

1	1							

2	2							

3	3							

4	4							

Zahlenzauber 1 – Arbeitsheft © 2014 Oldenbourg Schulbuchverlag GmbH, München

Spure nach und führe fort.

| 5 | 5 | | | | | | | | | | | | |

| 6 | 6 | | | | | | | | | | | | |

| 7 | 7 | | | | | | | | | | | | |

| 8 | 8 | | | | | | | | | | | | |

| 9 | 9 | | | | | | | | | | | | |

| 10 | 10 | | | | | | | | |

| 0 | 1 | 2 | | | | | 10 | | | |

 ① Wie viele sind es? Zähle und schreibe auf. Vergleiche mit deinem Partner.

🟨	Ⅷ II	7	🚗		
🧸			🔺		
🎨			📁		
9			🧍		
✏️			▭		
🪑			🪑		
🎲			📗		
🥫					

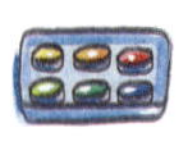

 ② Zählt in eurer Klasse. Sprecht darüber. Schreibt wie in ① in euer  .

Zahlenzauber 1 – Arbeitsheft © 2014 Oldenbourg Schulbuchverlag GmbH, München

① Vervollständige die Schüttelergebnisse. Male und schreibe auf.

a)

4 + 1   __ + __   __ + __

Eine Schüttelschachtel hilft dir.

b)

5 + __   __ + __   __ + __

② Suche alle möglichen Schüttelergebnisse. Male und schreibe auf.

a)

__ + __   __ + __   __ + __

   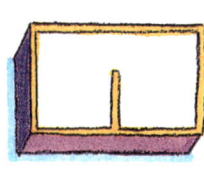

__ + __   __ + __   __ + __   __ + __

b)

   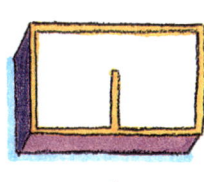

__ + __   __ + __   __ + __

  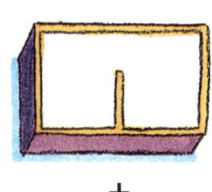 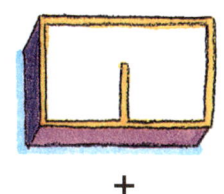

__ + __   __ + __   __ + __   __ + __

__ + __   __ + __   __ + __   __ + __

Zahlenzauber 1 – Arbeitsheft © 2014 Oldenbourg Schulbuchverlag GmbH, München

① Verbinde.

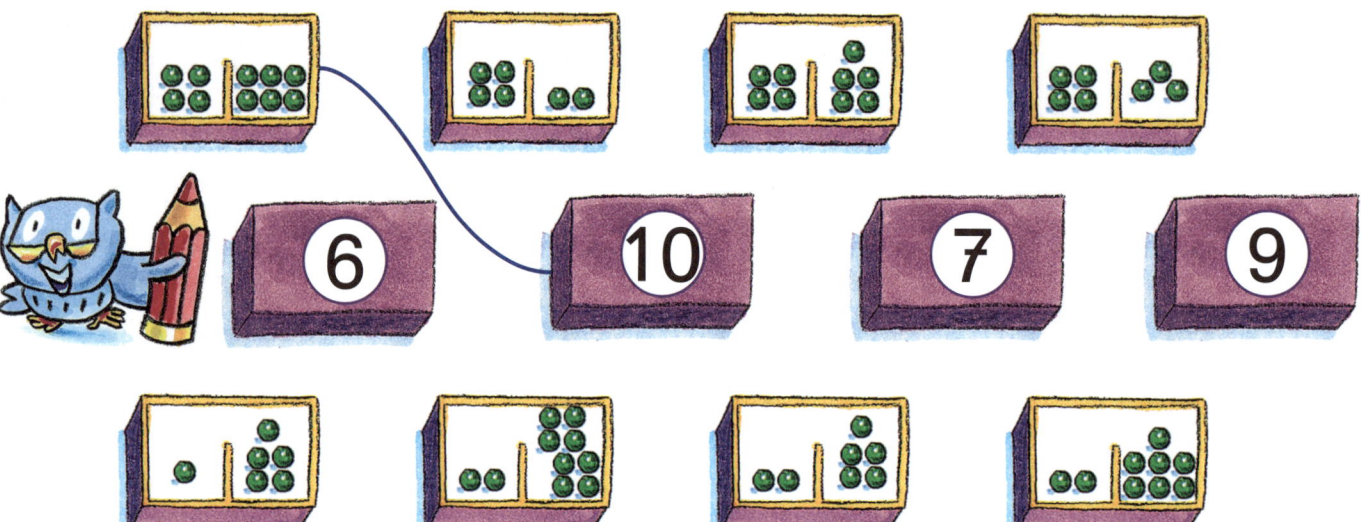

② Finde die richtigen Zerlegungen.

4	5	6	8
2 + __	3 + __	5 + __	3 + __
1 + __	__ + 4	__ + 3	__ + 4
0 + __	2 + __	__ + 2	2 + __
3 + __	__ + 0	0 + __	__ + 0
4 + __	__ + 1	1 + __	__ + 7

③ Färbe passend zum Hut.

2 + 2   1 + 8   6 + 3   3 + 3   7 + 2

0 + 6

4 + 0   9 + 0

4 + 5   5 + 4

5 + 1

6 + 0   3 + 1

Zahlenzauber 1 – Arbeitsheft © 2014 Oldenbourg Schulbuchverlag GmbH, München

① Male an: linke Hand lila, rechte Hand rot.

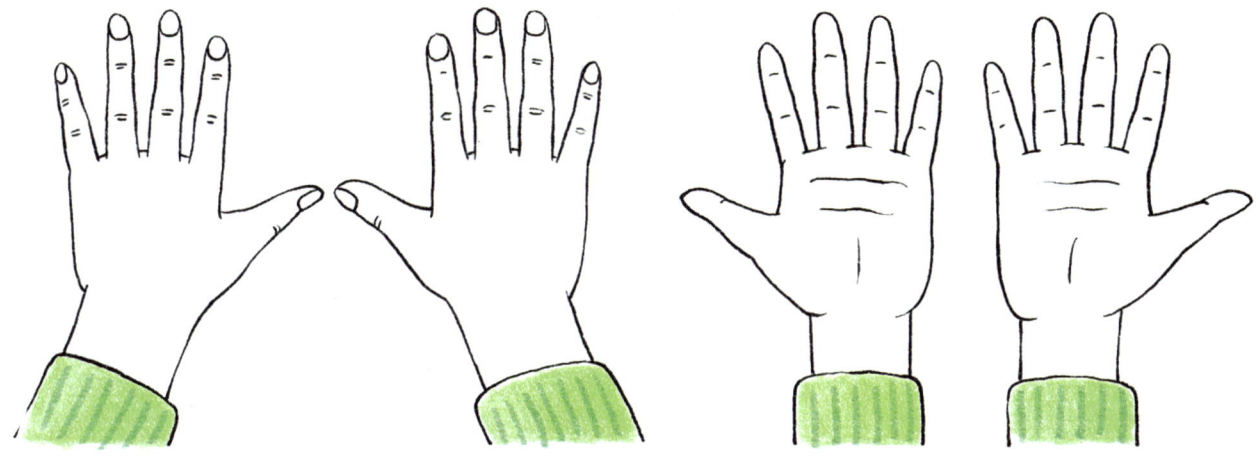

②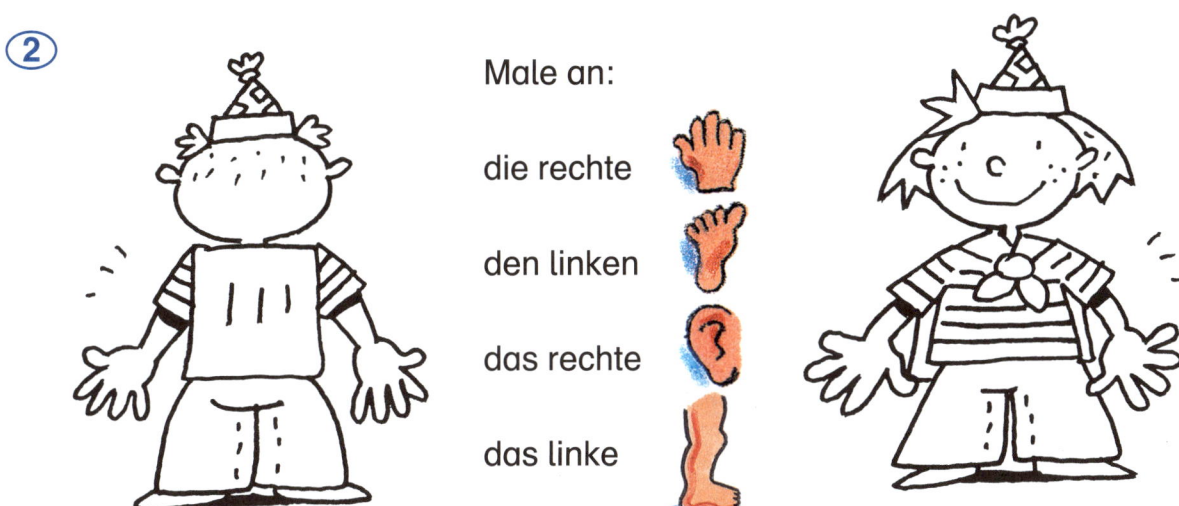

Male an:

die rechte

den linken

das rechte

das linke

Und wie ist es hier?

③ Welche Farbe kommt als erste an?

Welche Kugel ist hier vorn?

Und hier?

🌸 Vergleiche mit deinem Partner.

① Was liegt …?

über      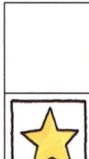       

unter             

zwischen       

links neben          

rechts neben         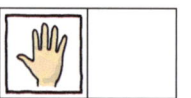 

② Zeichne ins Neunerfeld.

Mitte: unten rechts:

oben rechts: Mitte rechts:

unten links: oben links:

① Zähle auf einen Blick.

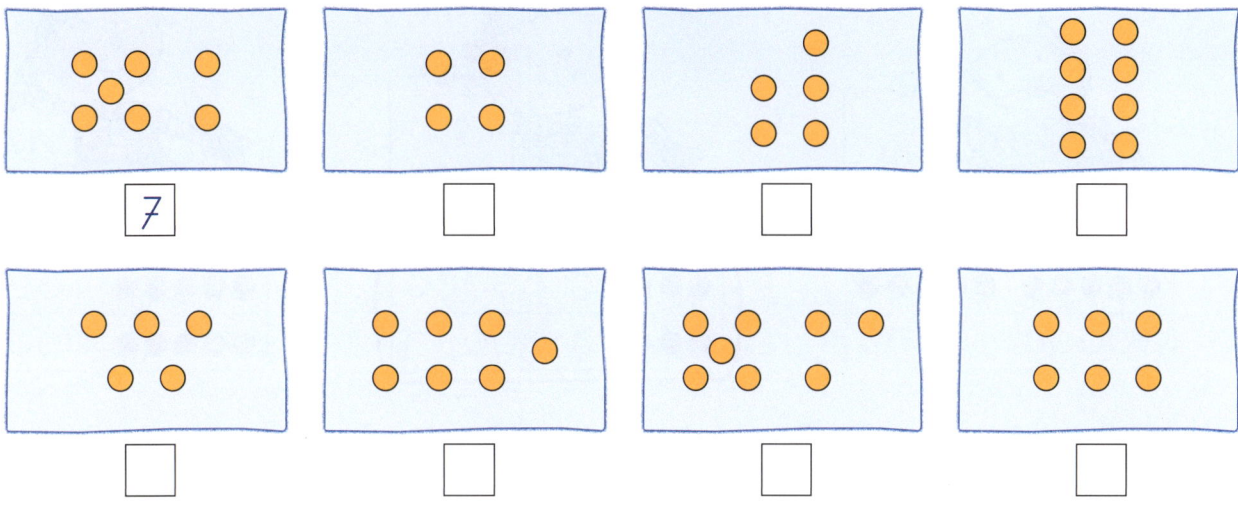

7 ☐ ☐ ☐

☐ ☐ ☐ ☐

② Verbinde.

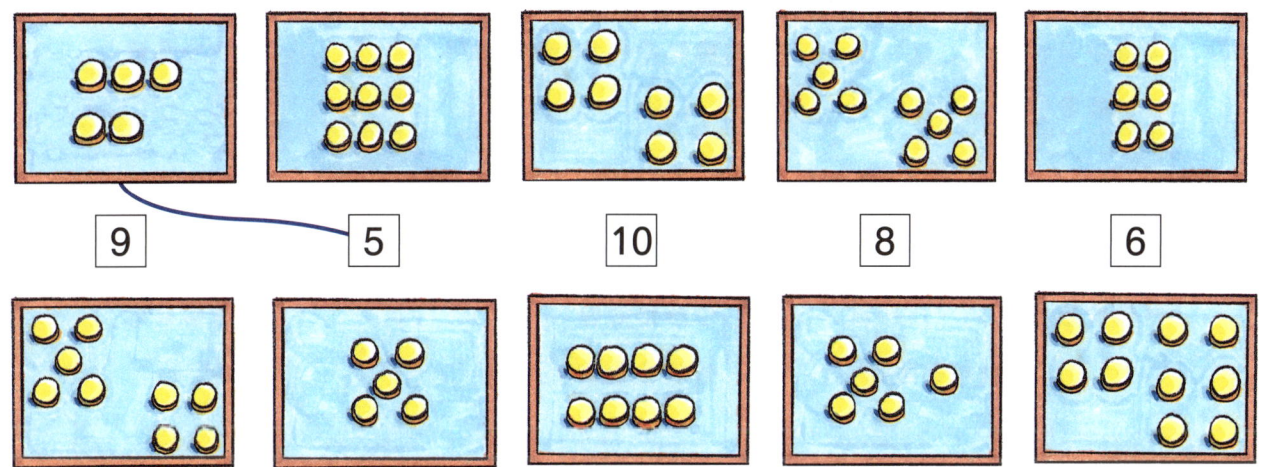

9   5   10   8   6

③ Zeichne so, dass du auf einen Blick zählen kannst. Finde eine zweite Möglichkeit.

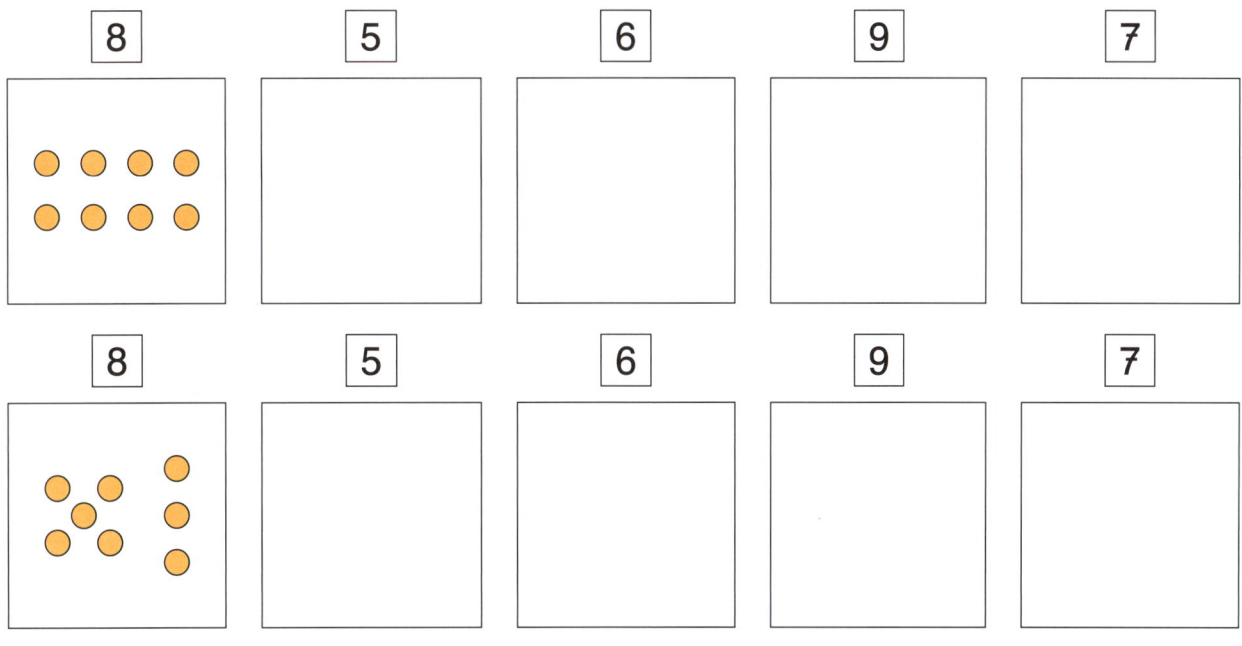

8   5   6   9   7

8   5   6   9   7

🙂🙂 Vergleiche mit deinem Partner. Habt ihr ähnliche Möglichkeiten gefunden?
Haben andere in eurer Klasse noch weitere Möglichkeiten gefunden?

① Kreise mit der richtigen Farbe ein.

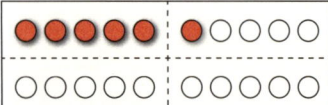

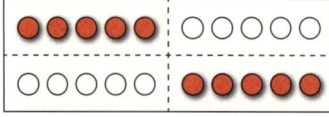

② Wie viele Plättchen sind es?

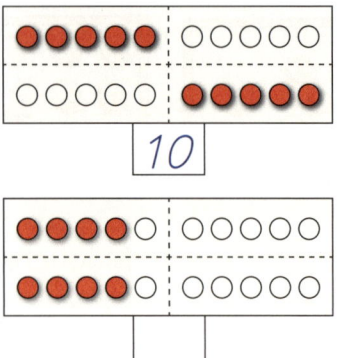

10

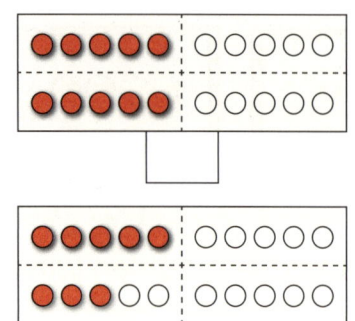

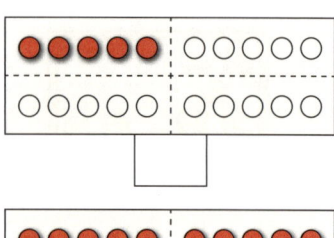

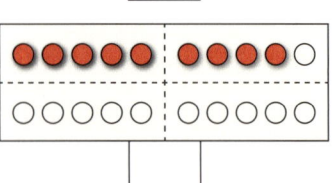

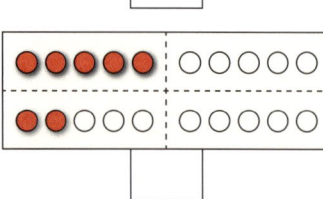

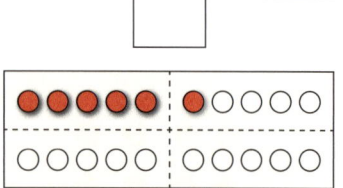

⭐ ③ Wie viele Plättchen sind versteckt?

5

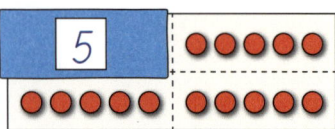

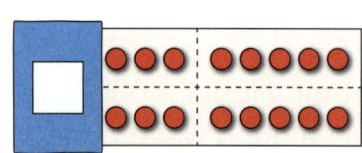

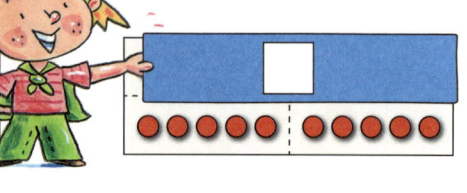

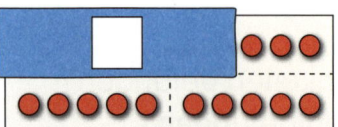

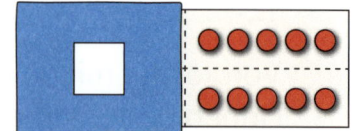

14

Zahlenzauber 1 – Arbeitsheft © 2014 Oldenbourg Schulbuchverlag GmbH, München

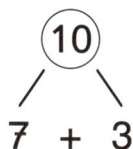

1 Immer 10:
Male in blauer Farbe dazu und schreibe auf.

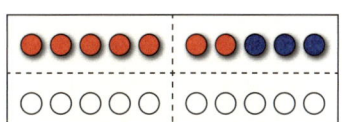 10
7 + 3

 10
6 + __

10
5 + __

10
1 + __

10
4 + __

10
8 + __

10
2 + __

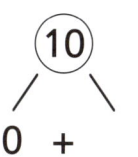 10
0 + __

2 Wie viele Zerlegungen gibt es? Schreibe sie auf.

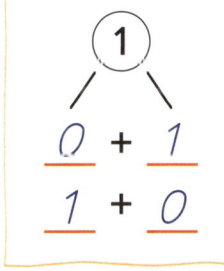

1
0 + 1
1 + 0

__ Zerlegungen

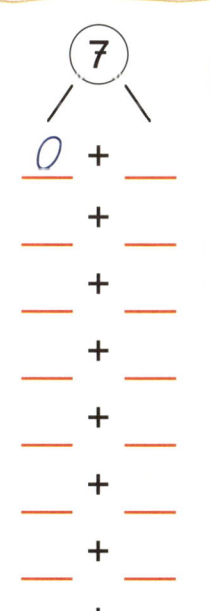

7
0 + __
+
+
+
+
+
+

__ Zerlegungen

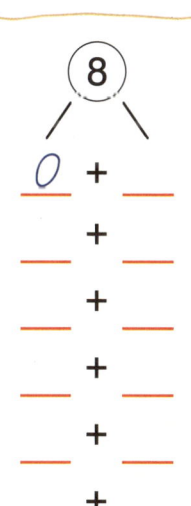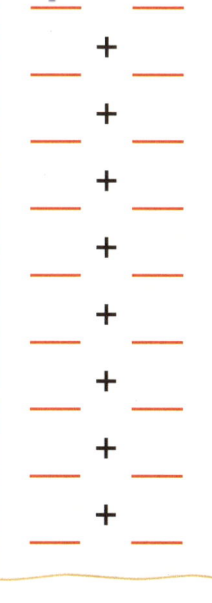

8
0 + __
+
+
+
+
+
+
+

__ Zerlegungen

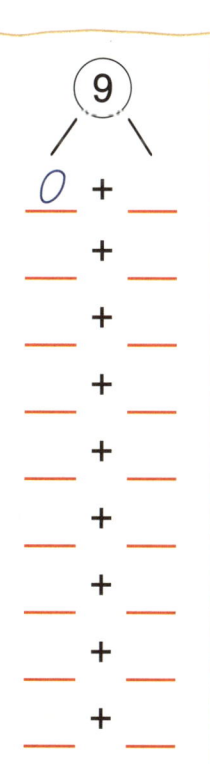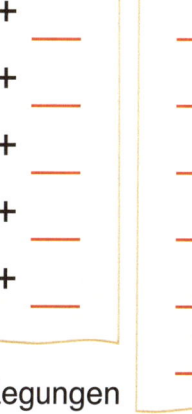

9
0 + __
+
+
+
+
+
+
+

__ Zerlegungen

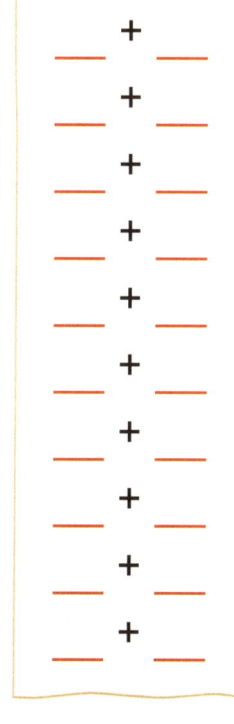

10
0 + __
+
+
+
+
+
+
+
+

__ Zerlegungen

Was fällt dir auf?

Zahlenzauber 1 – Arbeitsheft © 2014 Oldenbourg Schulbuchverlag GmbH, München

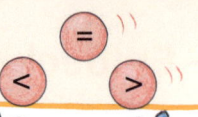
① Setze die Zahlen ein und vergleiche mit >, <, =.

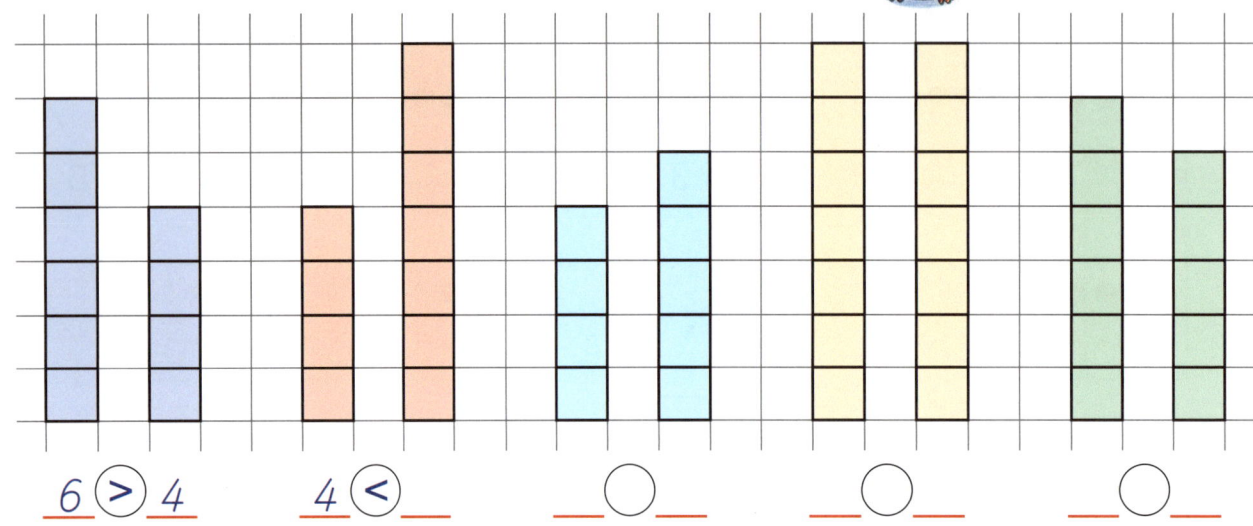

6 > 4   4 < ___   ___ ◯ ___   ___ ◯ ___   ___ ◯ ___

② Zeichne und setze ein: >, <, =.

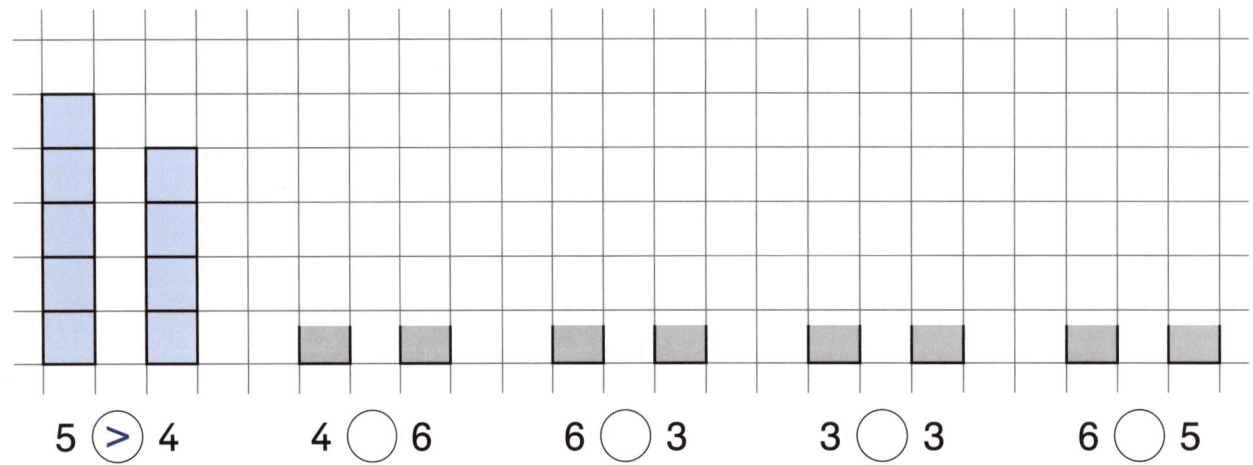

5 > 4   4 ◯ 6   6 ◯ 3   3 ◯ 3   6 ◯ 5

③ Vergleiche mit >, <, =.

a)

3 < 8	7 ◯ 8
4 ◯ 8	8 ◯ 8
5 ◯ 8	9 ◯ 8
6 ◯ 8	10 ◯ 8

b)

5 ◯ 6	9 ◯ 10
6 ◯ 5	9 ◯ 9
5 ◯ 5	10 ◯ 9
6 ◯ 6	10 ◯ 10

c)

2 ◯ 0	4 ◯ 3
2 ◯ 1	3 ◯ 3
2 ◯ 2	2 ◯ 3
2 ◯ 3	1 ◯ 3

d)

1 ◯ 9	0 ◯ 5
8 ◯ 2	10 ◯ 3
3 ◯ 7	4 ◯ 9
6 ◯ 4	7 ◯ 7

Zahlenzauber 1 – Arbeitsheft © 2014 Oldenbourg Schulbuchverlag GmbH, München

Zahlen stechen

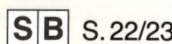

 ① Wer gewinnt? Markiere ✓.

Agata	Leon
✓	☐
✓ 3 (>)	2
✓ 5 (>)	4
3 (<)	4 ✓
✓ 6 (>)	1

Marek	Amelie
☐	☐
5 ◯	6
4 ◯	3
6 ◯	8
9 ◯	9

Anna	Franz
☐	☐
7 ◯	9
10 ◯	10
6 ◯	7
5 ◯	0

Jule	Erkan
☐	☐
3 ◯	3
5 ◯	0
4 ◯	6
10 ◯	10

Hannah	Max
☐	☐
7 ◯	9
6 ◯	6
10 ◯	8
1 ◯	10

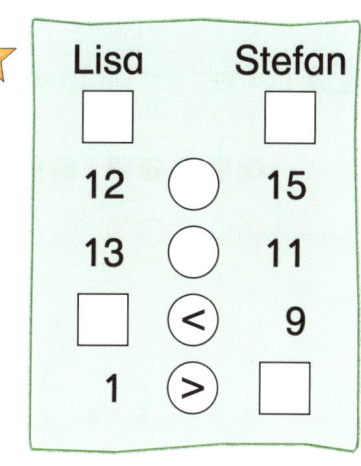

★

Lisa	Stefan
☐	☐
12 ◯	15
13 ◯	11
☐ (<)	9
1 (>) ☐	

② Mit welcher Zahl gewinnst du …

a) gegen die **4** ?

☐ > 4
☐ > 4
☐ > 4
☐ > 4

b) gegen die **5** ?

☐ > 5
☐ > 5
☐ > 5
☐ > 5

c) gegen die **6** ?

☐ > 6
☐ > 6
☐ > 6
☐ > 6

d) gegen die **7** ?

☐ > 7
☐ > 7
☐ > 7
☐ > 7

③ Mit welcher Zahl verlierst du …

a) gegen die **4** ?

☐ < 4
☐ < 4
☐ < 4
☐ < 4

b) gegen die **8** ?

☐ < 8
☐ < 8
☐ < 8
☐ < 8

c) gegen die **6** ?

☐ < 6
☐ < 6
☐ < 6
☐ < 6

d) gegen die **10** ?

☐ < 10
☐ < 10
☐ < 10
☐ < 10

Zahlenzauber 1 – Arbeitsheft © 2014 Oldenbourg Schulbuchverlag GmbH, München

1 Zahlen blitzschnell erkannt.

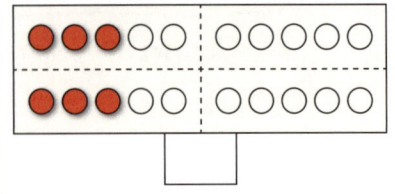 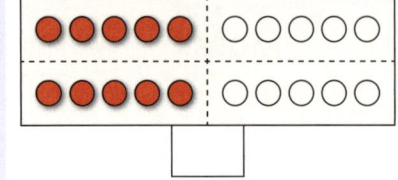 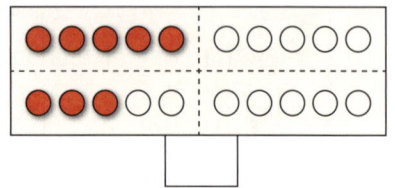

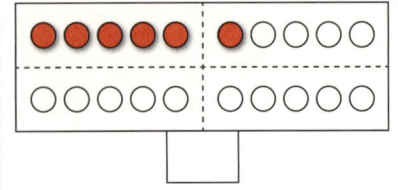 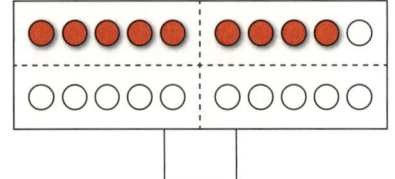 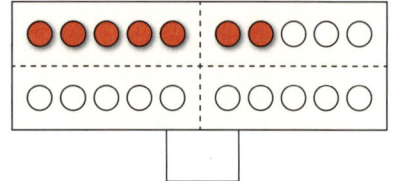

2 Immer 10: Male und schreibe auf.

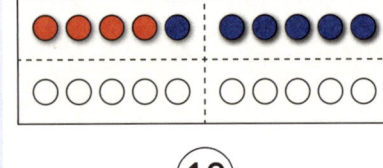

10

4 + _6_

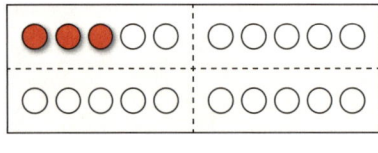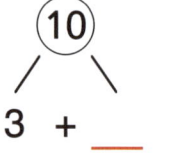

10

3 + __

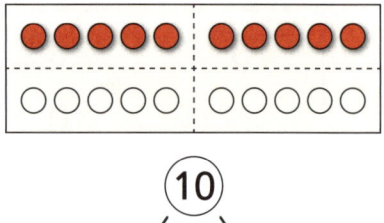

10

10 + __

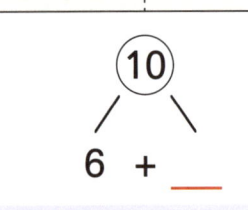

10

6 + __

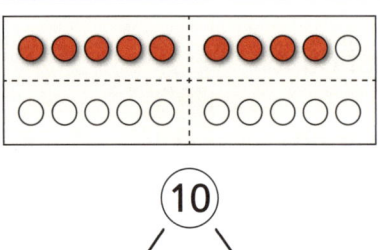

10

9 + __

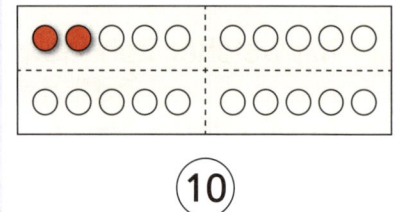

10

2 + __

3 Welche Zahl fehlt? Male und schreibe auf.

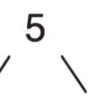 5

5

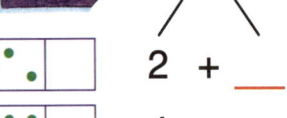 2 + __

4 + __

1 + __

3 + __

0 + __

 6

6

3 + __

2 + __

6 + __

5 + __

4 + __

 4

4

2 + __

0 + __

3 + __

1 + __

4 + __

Zahlenzauber 1 – Arbeitsheft © 2014 Oldenbourg Schulbuchverlag GmbH, München

1 Zahlen blitzschnell erkannt.

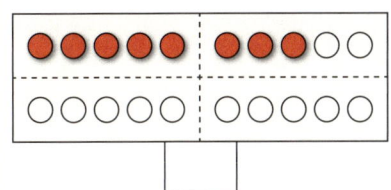 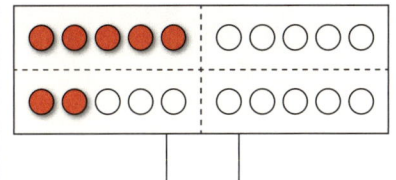 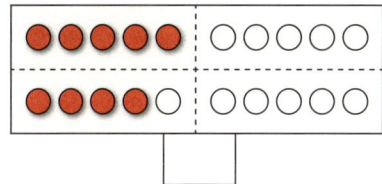

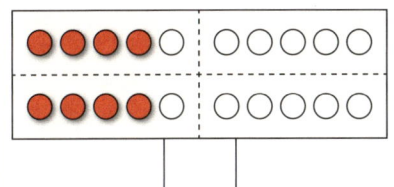 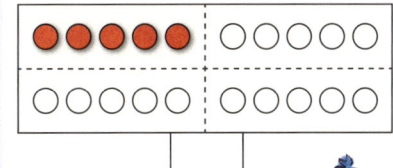 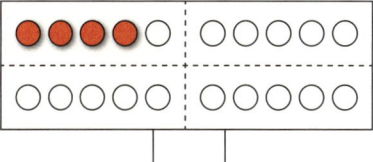

2 Immer 10: Male und schreibe auf.

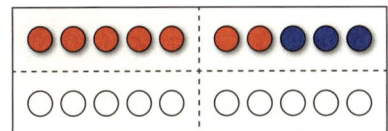

10

7 + 3

10

5 + ___

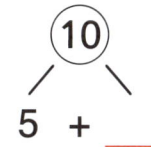

10

8 + ___

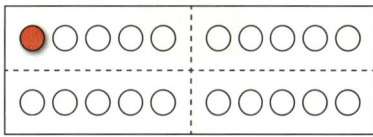

10

1 + ___

3 Zerlege und setze fort. Hast du alle Aufgaben gefunden? Vergleiche mit deinem Partner. Sortiere und schreibe alle möglichen Aufgaben in dein 📖.

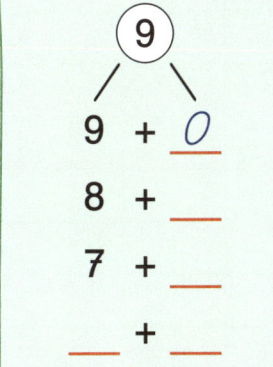

9

9 + 0
8 + ___
7 + ___
___ + ___

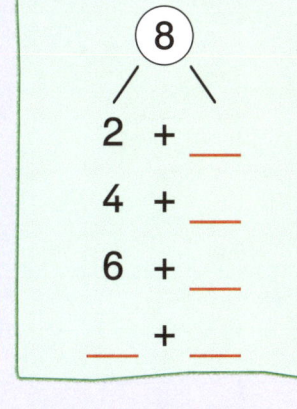

8

2 + ___
4 + ___
6 + ___
___ + ___

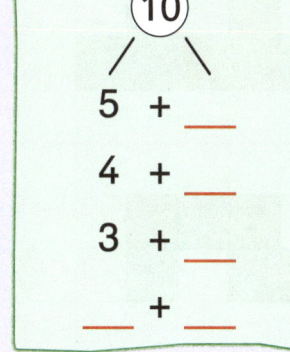

10

5 + ___
4 + ___
3 + ___
___ + ___

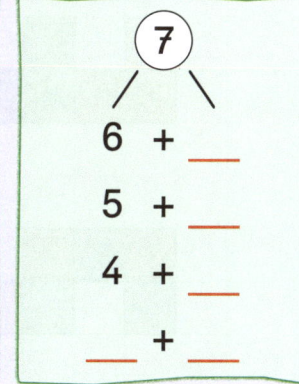

7

6 + ___
5 + ___
4 + ___
___ + ___

4 Vergleiche mit ⟩, ⟨, ⟩.

a)
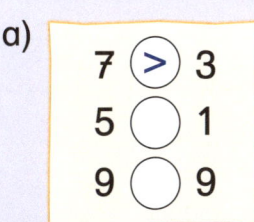

7 > 3
5 ◯ 1
9 ◯ 9

b)

8 ◯ 7
10 ◯ 2
6 ◯ 5

c)

4 ◯ 6
2 ◯ 8
9 ◯ 3

d)

10 ◯ 10
7 ◯ 5
3 ◯ 4

Zahlenzauber 1 – Arbeitsheft © 2014 Oldenbourg Schulbuchverlag GmbH, München

① Lege mit deinen Plättchen eine Figur. Umfahre die Plättchen.

② Lege mit deinen Plättchen ein Muster. Dein Partner legt es nach.
Vergleicht eure Muster in der Klasse.

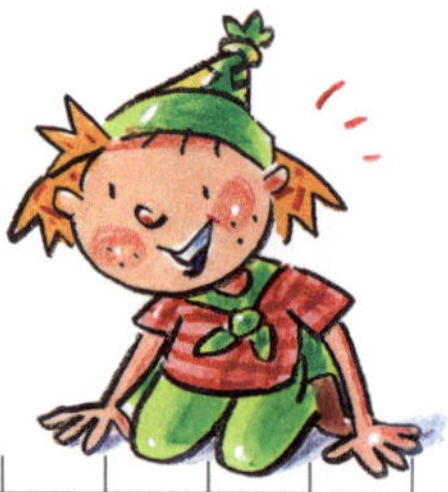

③ Setze die Muster fort.

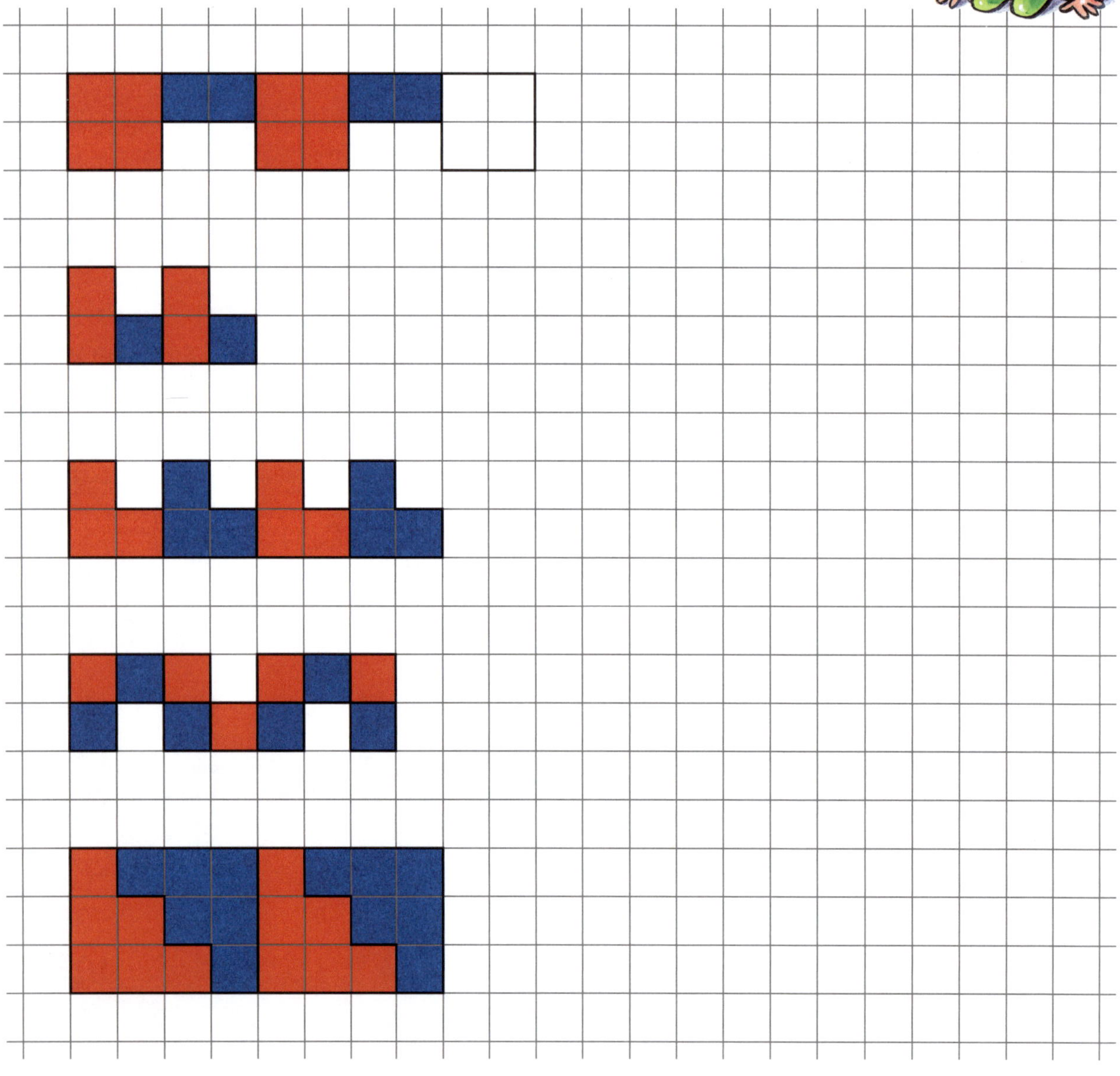

⭐

Male weitere Muster in dein .

20

① Male dazu oder streiche weg.

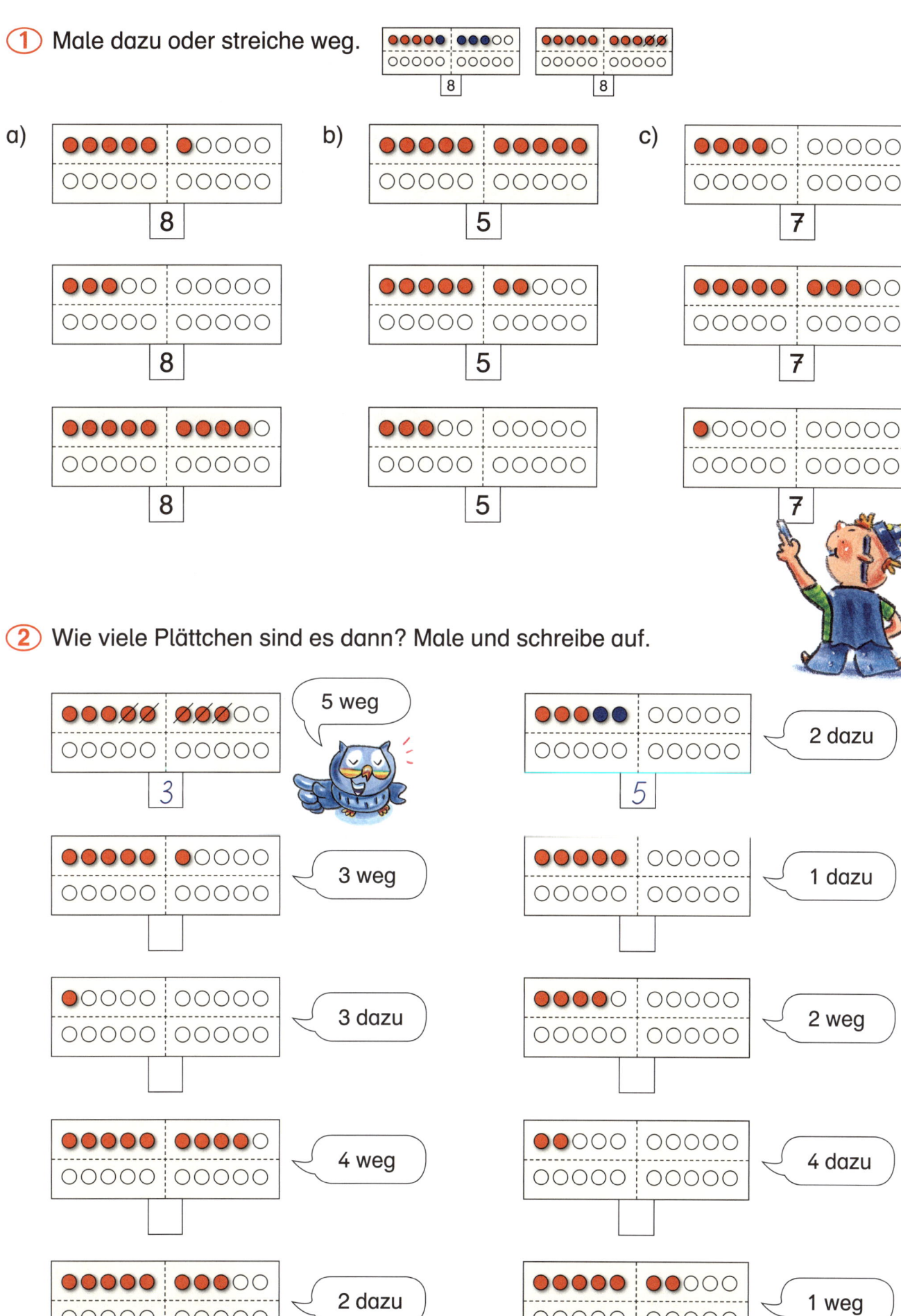

a)

8

8

8

b)

5

5

5

c)

7

7

7

② Wie viele Plättchen sind es dann? Male und schreibe auf.

5 weg

3

3 weg

3 dazu

4 weg

2 dazu

2 dazu

5

1 dazu

2 weg

4 dazu

1 weg

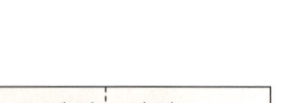
① Wie heißt die Rechnung?

a)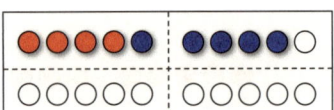

$3 + 4 = 7$

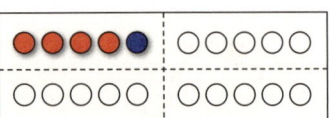

_____

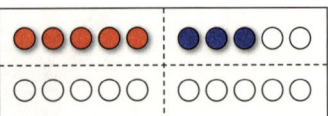

_____

b)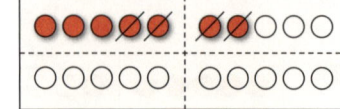

$8 - 2 = $ _____

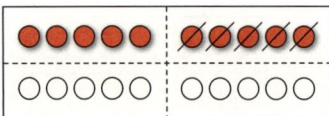

_____

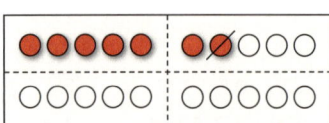

_____

c)

_____

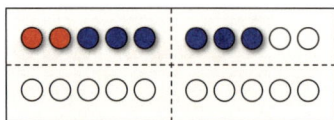

_____

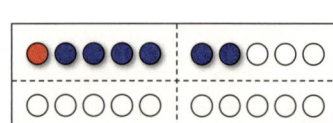

_____

② Male und rechne.

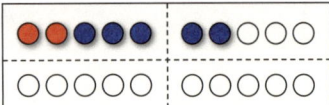

$2 + 5 = 7$

$8 - 1 = $ ___

$8 + 2 = $ ___

$7 - 2 = $ ___

$5 - 2 = $ ___

$5 + 4 = $ ___

$4 - 3 = $ ___

$3 + 2 = $ ___

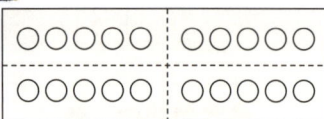

$6 - 4 = $ ___

$3 + 1 = $ ___

$10 - 5 = $ ___

$7 + 3 = $ ___

Zahlenzauber 1 – Arbeitsheft © 2014 Oldenbourg Schulbuchverlag GmbH, München

① Streiche durch und rechne.

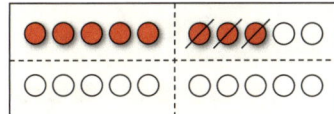 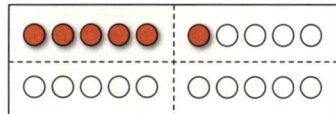 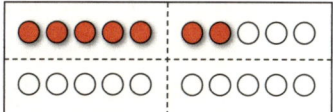

8 − 3 = ___   6 − 4 = ___   7 − 2 = ___

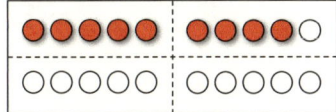

9 − 4 = ___   10 − 6 = ___   5 − 3 = ___

② Lege mit deinen Plättchen und rechne.

a) 7 − 5 = ___   b) 10 − 5 = ___   c) 9 − 9 = ___   d) 6 − 2 = ___

6 − 3 = ___   10 − 7 = ___   3 − 2 = ___   7 − 3 = ___

8 − 4 = ___   8 − 5 = ___   7 − 4 = ___   9 − 3 = ___

9 − 6 = ___   4 − 3 = ___   8 − 6 = ___   4 − 2 = ___

③ Lege und rechne.

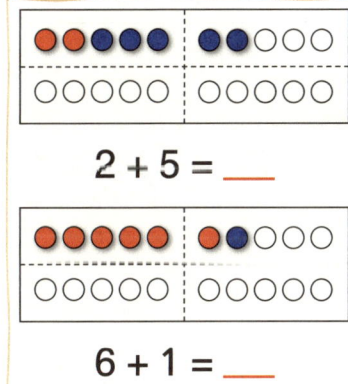

2 + 5 = ___

6 + 1 = ___

2 + 5 = ___   7 + 1 = ___   3 + 6 = ___

6 + 1 = ___   4 + 2 = ___   5 + 5 = ___

3 + 0 = ___   1 + 3 = ___   1 + 4 = ___

8 + 2 = ___   5 + 4 = ___   7 + 3 = ___

5 + 3 = ___   6 + 2 = ___   8 + 0 = ___

④ Finde mit diesen Zahlen verschiedene Rechnungen und schreibe sie auf.
Wer in eurer Klasse hat die meisten Aufgaben gefunden? Vergleicht.

2	4	10
3	8	
1	9	5

4 + 5 = 9   _____

10 − 2 = 8   _____

_____   _____

3	10	7
4		
2	8	6
	1	

_____   _____

_____   _____

_____   _____

Zahlenzauber 1 – Arbeitsheft © 2014 Oldenbourg Schulbuchverlag GmbH, München

1 Plus oder minus?
Male und ergänze die Rechnung.

a)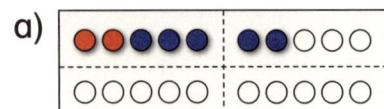

$$2 \; \underline{+\;5} \; = 7$$

b)

$$4 \; \underline{\hspace{1.5cm}} \; = 3$$

c)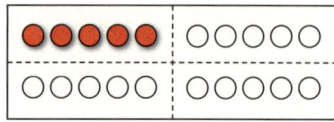

$$8 \; \underline{\hspace{1.5cm}} \; = 10$$

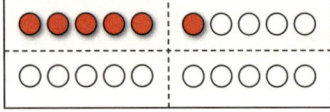

$$5 \; \underline{\hspace{1.5cm}} \; = 4$$

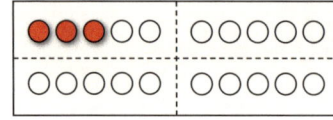

$$7 \; \underline{\hspace{1.5cm}} \; = 0$$

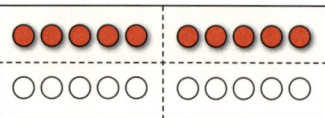

$$5 \; \underline{\hspace{1.5cm}} \; = 6$$

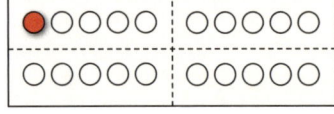

$$6 \; \underline{\hspace{1.5cm}} \; = 3$$

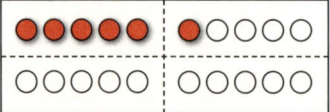

$$3 \; \underline{\hspace{1.5cm}} \; = 6$$

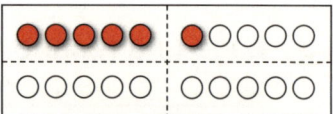

$$10 \; \underline{\hspace{1.5cm}} \; = 4$$

$$1 \; \underline{\hspace{1.5cm}} \; = 5$$

$$6 \; \underline{\hspace{1.5cm}} \; = 9$$

$$6 \; \underline{\hspace{1.5cm}} \; = 1$$

2 Rechne.

 Das hilft dir!

a)

$$5 \; \boxed{+\;2} \; = 7 \qquad 6 \; \boxed{} \; = 10$$
$$3 \; \boxed{} \; = 4 \qquad 1 \; \boxed{} \; = 9$$
$$9 \; \boxed{} \; = 9 \qquad 7 \; \boxed{} \; = 8$$
$$2 \; \boxed{} \; = 5 \qquad 4 \; \boxed{} \; = 8$$
$$8 \; \boxed{} \; = 10 \qquad 10 \; \boxed{} \; = 10$$

b)

$$9 \; \boxed{-\;8} \; = 1 \qquad 10 \; \boxed{} \; = 0$$
$$4 \; \boxed{} \; = 2 \qquad 5 \; \boxed{} \; = 2$$
$$7 \; \boxed{} \; = 4 \qquad 3 \; \boxed{} \; = 3$$
$$8 \; \boxed{} \; = 4 \qquad 6 \; \boxed{} \; = 4$$
$$6 \; \boxed{} \; = 2 \qquad 8 \; \boxed{} \; = 1$$

c)

$$4 \; \boxed{} \; = 10 \qquad 7 \; \boxed{} \; = 3$$
$$8 \; \boxed{} \; = 6 \qquad 1 \; \boxed{} \; = 10$$
$$1 \; \boxed{} \; = 5 \qquad 3 \; \boxed{} \; = 8$$
$$9 \; \boxed{} \; = 7 \qquad 8 \; \boxed{} \; = 3$$
$$9 \; \boxed{} \; = 2 \qquad 10 \; \boxed{} \; = 0$$

d)

$$10 \; \boxed{} \; = 4 \qquad 2 \; \boxed{} \; = 7$$
$$9 \; \boxed{} \; = 4 \qquad 3 \; \boxed{} \; = 7$$
$$8 \; \boxed{} \; = 4 \qquad 4 \; \boxed{} \; = 7$$
$$\underline{\hspace{0.8cm}} \; \boxed{} \; = \underline{\hspace{0.8cm}} \qquad \underline{\hspace{0.8cm}} \; \boxed{} \; = \underline{\hspace{0.8cm}}$$
$$\underline{\hspace{0.8cm}} \; \boxed{} \; = \underline{\hspace{0.8cm}} \qquad \underline{\hspace{0.8cm}} \; \boxed{} \; = \underline{\hspace{0.8cm}}$$

24

Zahlenzauber 1 – Arbeitsheft © 2014 Oldenbourg Schulbuchverlag GmbH, München

 ① Rechne.
Wer gewinnt? Markiere ☑.

Wer ist der Gesamtsieger?

a)

Bim	Simsala
3 + 4 = 7	5 + 3 = _8_ ✓
__ + __ = __	__ + __ = __
__ + __ = __	__ + __ = __

b)

Bim	Simsala
__ + __ = __	__ + __ = __
__ + __ = __	__ + __ = __
__ + __ = __	__ + __ = __

② Bilde Aufgabe und Tauschaufgabe.

1 + 3 = __

3 + _1_ = __

4 + 5 = __

5 + __ = __

6 + 1 = __

1 + __ = __

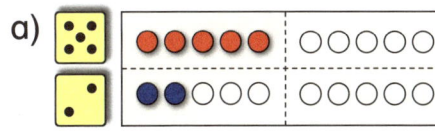 __ + __ = __

__ + __ = __

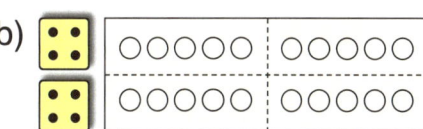 __ + __ = __

__ + __ = __

__ + __ = __

__ + __ = __

③ Wie groß ist der Unterschied? Male und rechne.

a)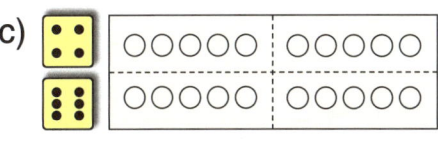

_____

_____

b)

_____

_____

c)

_____

_____

d)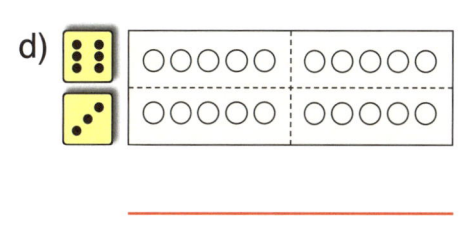

_____

_____

Zahlenzauber 1 – Arbeitsheft © 2014 Oldenbourg Schulbuchverlag GmbH, München

Minus- und Umkehraufgaben zaubern

> Decke jeweils die Tiere, die weggezaubert werden, mit dem Finger ab.

① Simsala und Bim zaubern weg. Rechne.

$6 - 2 = \underline{4}$

$6 - 6 = \underline{}$

$6 - 1 = \underline{}$

$6 - 5 = \underline{}$

$9 - 6 = \underline{}$

$9 - 2 = \underline{}$

$9 - 4 = \underline{}$

$9 - 5 = \underline{}$

$5 - 3 = \underline{}$

$5 - 1 = \underline{}$

$5 - 4 = \underline{}$

$5 - 5 = \underline{}$

② Simsala und Bim zaubern mit Fischen.

$7 - 4 = \underline{3}$ $3 + 4 = \underline{}$

$\underline{}$ $\underline{}$

$\underline{}$ $\underline{}$

$\underline{}$ $\underline{}$

③ Zaubere wie Simsala und Bim mit deinen Plättchen. Rechne.

> … weg

> … dazu

> … dazu

> … weg

Aufgabe	Umkehraufgabe
$5 - 2 = \underline{3}$	$\underline{3} + 2 = \underline{5}$

$10 - 4 = \underline{}$ $\underline{} + \underline{} = \underline{}$

$8 - 3 = \underline{}$ $\underline{} + \underline{} = \underline{}$

$7 - 6 = \underline{}$ $\underline{} + \underline{} = \underline{}$

$9 - 7 = \underline{}$ $\underline{} + \underline{} = \underline{}$

$10 - 0 = \underline{}$ $\underline{} + \underline{} = \underline{}$

Aufgabe	Umkehraufgabe
$3 + 1 = \underline{}$	$\underline{} - 1 = \underline{}$

$6 + 3 = \underline{}$ $\underline{} - \underline{} = \underline{}$

$4 + 2 = \underline{}$ $\underline{} - \underline{} = \underline{}$

$5 + 5 = \underline{}$ $\underline{} - \underline{} = \underline{}$

$2 + 6 = \underline{}$ $\underline{} - \underline{} = \underline{}$

$5 + 3 = \underline{}$ $\underline{} - \underline{} = \underline{}$

Zahlenzauber 1 – Arbeitsheft © 2014 Oldenbourg Schulbuchverlag GmbH, München

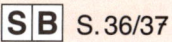
① Finde passende Plusaufgaben.

Ergebnis 7	4 + 3	___ + ___	___ + ___	___ + ___
Ergebnis 8	___ + ___	___ + ___	___ + ___	___ + ___
Ergebnis 9	___ + ___	___ + ___	___ + ___	___ + ___
Ergebnis 10	___ + ___	___ + ___	___ + ___	___ + ___

② Schnell im Kopf: das Doppelte.

Zahl	0	1	2	3	4	5	6	___	___
das Doppelte									

③ Schnell im Kopf: Nachbaraufgaben – Male und rechne.

3 + 3 = ___

3 + 4 = ___

3 + 2 = ___

2 + 2 = ___

2 + 3 = ___

2 + 1 = ___

4 + 4 = ___

4 + 5 = ___

4 + 3 = ___

5 + 5 = ___

5 + 6 = ___

5 + 4 = ___

④ Schnell im Kopf: Rechne.

(+ 1) (1 +)

4 + 1 = ___

1 + 6 = ___

7 + 1 = ___

(+ 2) (2 +)

3 + 2 = ___

2 + 4 = ___

6 + 2 = ___

(5 +) (+ 5)

5 + 2 = ___   2 + 5 = ___

5 + 0 = ___   0 + 5 = ___

5 + 3 = ___   3 + 5 = ___

Zahlenzauber 1 – Arbeitsheft © 2014 Oldenbourg Schulbuchverlag GmbH, München

1 Verbinde.

2 Rechne. Verbinde Aufgaben mit gleichem Ergebnis.

6 + 2 = __   5 + 1 = __
9 + 1 = __   2 + 8 = __
7 + 2 = __   4 + 4 = __
1 + 5 = __   3 + 6 = __
4 + 0 = __   2 + 3 = __
0 + 5 = __   1 + 3 = __

6 + 3 = __   4 + 2 = __
2 + 4 = __   4 + 5 = __
1 + 7 = __   2 + 5 = __
4 + 3 = __   4 + 6 = __
7 + 3 = __   4 + 1 = __
1 + 4 = __   3 + 5 = __

3 Rechne und setze jedes Päckchen fort.

3 + 3 = __	1 + 2 = __	5 + 5 = __	3 + 0 = __
4 + 3 = __	1 + 4 = __	4 + 6 = __	4 + 1 = __
5 + 3 = __	1 + 6 = __	3 + 7 = __	5 + 2 = __
6 + 3 = __	1 + 8 = __	2 + 8 = __	6 + 3 = __
__ + __ = __	__ + __ = __	__ + __ = __	__ + __ = __

Setze diese Aufgaben in deinem 📖 fort oder finde selbst solche Aufgaben.

Zahlenzauber 1 – Arbeitsheft © 2014 Oldenbourg Schulbuchverlag GmbH, München

1 Finde passende Minusaufgaben.

Ergebnis 1	5 – 4	__ – __	__ – __	__ – __
Ergebnis 2	__ – __	__ – __	__ – __	__ – __
Ergebnis 3	__ – __	__ – __	__ – __	__ – __
Ergebnis 4	__ – __	__ – __	__ – __	__ – __

2 Schnell im Kopf: die Hälfte.

Zahl	2	4	6	8	10	12	__	__
die Hälfte								

3 Schnell im Kopf: Rechne.

（– 0）

5 – 0 = __

7 – 0 = __

4 – 0 = __

（– 1）

3 – 1 = __

5 – 1 = __

8 – 1 = __

（– 2）

7 – 2 = __   9 – 2 = __

5 – 2 = __   6 – 2 = __

8 – 2 = __   10 – 2 = __

4 Färbe richtig: Ergebnis 0   Ergebnis 5   Ergebnis 1   Ergebnis 2

7 – 5	10 – 5	7 – 6	5 – 0	9 – 8
9 – 4	6 – 5	2 – 2	9 – 9	8 – 8
4 – 4	8 – 7	10 – 9	7 – 7	8 – 6
6 – 1	9 – 7	8 – 3	7 – 2	6 – 6
3 – 3	5 – 5	0 – 0	10 – 8	10 – 10

① Verbinde.

 1  2  3  6  4  5  7 9  8

② Rechne. Verbinde Aufgaben mit gleichem Ergebnis.

10 − 4 = ___ •	• 7 − 2 = ___
8 − 1 = ___ •	• 9 − 3 = ___
9 − 4 = ___ •	• 7 − 0 = ___
7 − 5 = ___ •	• 8 − 5 = ___
6 − 3 = ___ •	• 10 − 9 = ___
5 − 4 = ___ •	• 4 − 2 = ___

10 − 6 = ___ •	• 7 − 3 = ___
8 − 5 = ___ •	• 7 − 1 = ___
9 − 3 = ___ •	• 5 − 2 = ___
10 − 3 = ___ •	• 5 − 3 = ___
8 − 6 = ___ •	• 9 − 2 = ___
8 − 3 = ___ •	• 10 − 5 = ___

③ Rechne und setze jedes Päckchen fort.

3 − 3 = ___	2 − 1 = ___	10 − 7 = ___	10 − 1 = ___
4 − 3 = ___	4 − 1 = ___	9 − 6 = ___	9 − 2 = ___
5 − 3 = ___	6 − 1 = ___	8 − 5 = ___	8 − 3 = ___
6 − 3 = ___	8 − 1 = ___	7 − 4 = ___	7 − 4 = ___
___ − ___ = ___	___ − ___ = ___	___ − ___ = ___	___ − ___ = ___

Setze diese Aufgaben in deinem 📖 fort oder finde selbst solche Aufgaben.

Zahlenzauber 1 – Arbeitsheft © 2014 Oldenbourg Schulbuchverlag GmbH, München

① Male.

5 ⭐	7 ⚫	0 🐤	8 ♥
☆☆☆ ☆☆	●●● ●●●●		♥♥♥ ♥♥♥ ♥♥

6 🍎	5 🐟	3 🚗	2 🍄
🍎🍎🍎 🍎🍎🍎	🐟🐟🐟 🐟🐟	🚗🚗🚗	🍄🍄

② Kreise ein.

Immer 6 / **Immer 5**

Immer 4 / **Immer 3**

Immer 8 / **Immer 7**

0	1	2	3	4	5	6	7	8	9
	•	••	•••	••••	•••••	••••••	•••••••	••••••••	•••••••••

① Wie viele sind es? Zähle und schreibe auf.

🪼	卌 ‖	7
🐟	卌 卌	9
🐚	卌	5
⭐	|||	3
🐌	卌 |||	8
🐟	|||	3

🐢			1
💍	||||	4
⭕	||	2
🔑		0
z.B. 🐟	|||	3
z.B. 👑			1

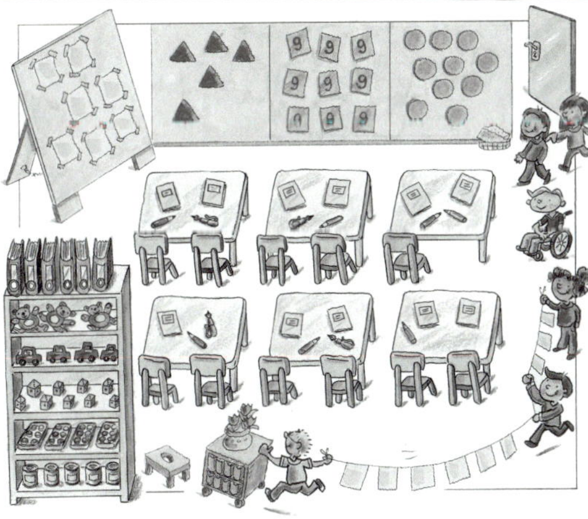

🔍① Wie viele sind es? Zähle und schreibe auf. Vergleiche mit deinem Partner.

🖼	卌 ‖	7
🐸	|||	3
🪙	||||	4
9	卌 ||||	9
✏	卌 ‖	7
🗄	卌		6
🎲	卌 ||||	9
🥫	卌	5

🚗	||||	4
🔺	卌	5
🚪	卌		6
👧	||| (Mädchen)	3
⬜	卌 ||||	9
🎒	卌 卌 ‖	12
🖼	卌 卌		11
z.B. 🎆			1

🔍② Zählt in eurer Klasse. Sprecht darüber. Schreibt wie in ① in euer 📖.

① Vervollständige die Schüttelergebnisse. Male und schreibe auf.

a) **5**

4 + 1   1 + 4   3 + 2

Eine Schüttelschachtel hilft dir.

b) **7**

5 + 2   7 + 0   4 + 3

② Suche alle möglichen Schüttelergebnisse. Male und schreibe auf.

a) **6**

3 + 3   4 + 2   2 + 4

5 + 1   1 + 5   6 + 0   0 + 6

b) **10**

5 + 5   6 + 4   4 + 6

7 + 3   3 + 7   8 + 2   2 + 8

9 + 1   1 + 9   10 + 0   0 + 10

① Verbinde.

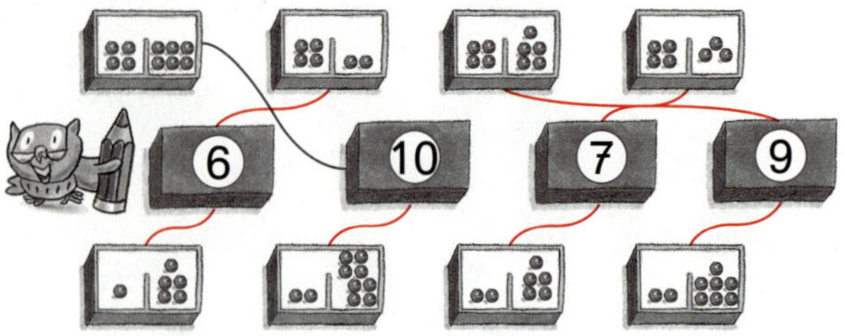

② Finde die richtigen Zerlegungen.

4	5	6	8
2 + 2	3 + 2	5 + 1	3 + 5
1 + 3	1 + 4	3 + 3	4 + 4
0 + 4	2 + 3	4 + 2	2 + 6
3 + 1	5 + 0	0 + 6	8 + 0
4 + 0	4 + 1	1 + 5	1 + 7

③ Färbe passend zum Hut.

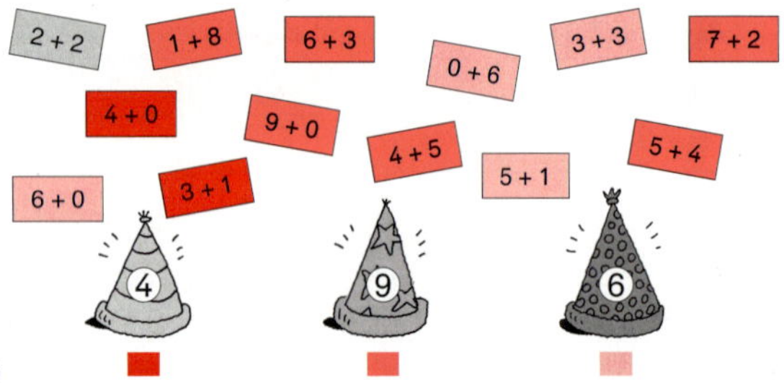

2 + 2   1 + 8   6 + 3   0 + 6   3 + 3   7 + 2
4 + 0   9 + 0   4 + 5   5 + 1   5 + 4
6 + 0   3 + 1

Hüte: 4   9   6

10

① Male an: linke Hand lila, rechte Hand rot.

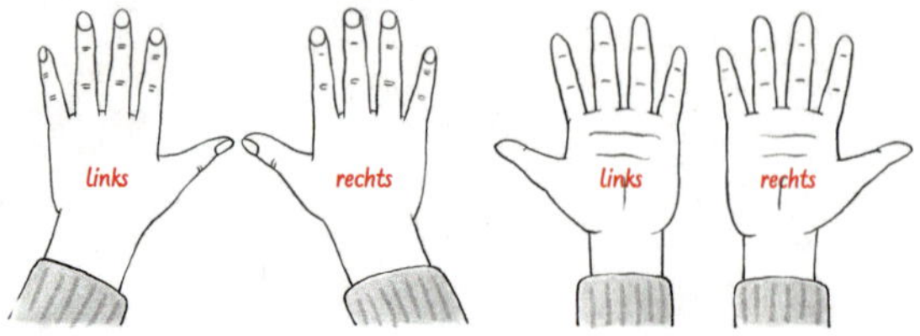

links   rechts   links   rechts

②

Male an:
die rechte
den linken
das rechte
das linke

Und wie ist es hier?

③ Welche Farbe kommt als erste an?

L B G O R
R O G B L

Welche Kugel ist hier vorn?

L B G O R
R O G B L

Und hier?

Vergleiche mit deinem Partner.

11

① Was liegt …?

über
unter
zwischen
links neben
rechts neben

② Zeichne ins Neunerfeld.

Mitte: unten rechts:
oben rechts: Mitte rechts:
unten links: oben links:

12

① Zähle auf einen Blick.

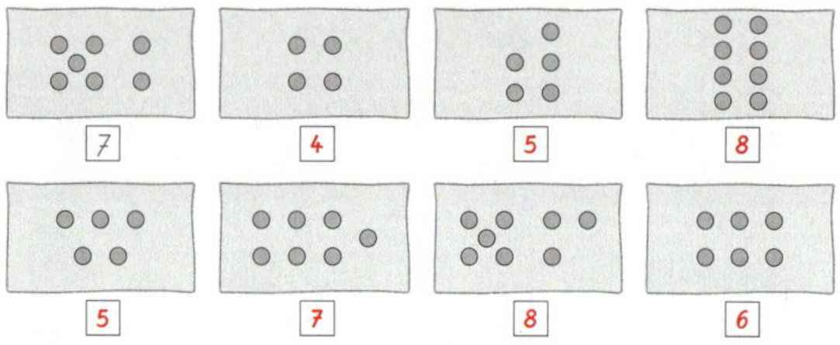

7   4   5   8
5   7   8   6

② Verbinde.

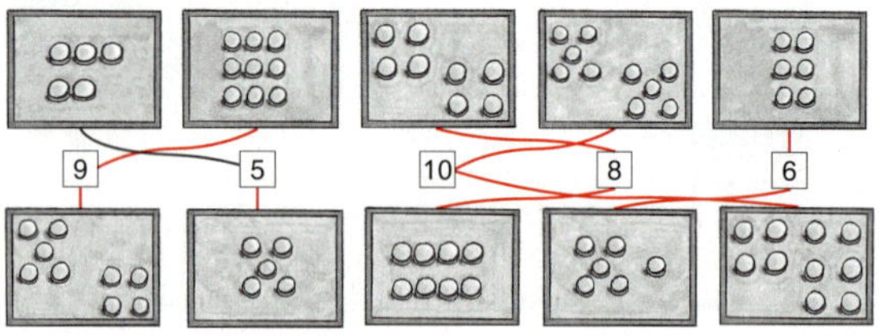

9   5   10   8   6

③ Zeichne so, dass du auf einen Blick zählen kannst. Finde eine zweite Möglichkeit.

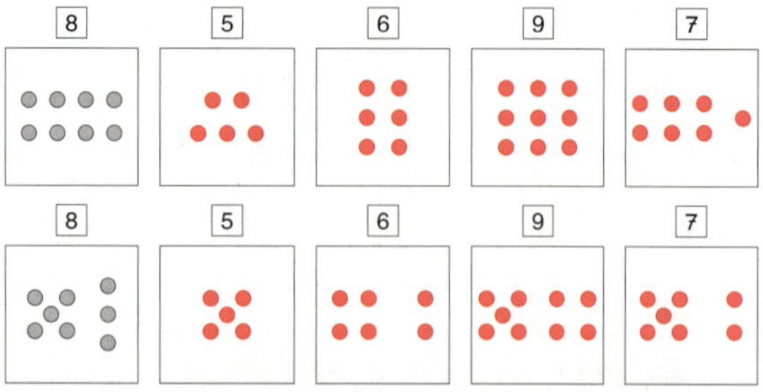

8	5	6	9	7

8	5	6	9	7

Vergleiche mit deinem Partner. Habt ihr ähnliche Möglichkeiten gefunden? Haben andere in eurer Klasse noch weitere Möglichkeiten gefunden?

13

Zahlenzauber 1 – Arbeitsheft © 2014 Oldenbourg Schulbuchverlag GmbH, München

1 Kreise mit der richtigen Farbe ein.

2 Wie viele Plättchen sind es?

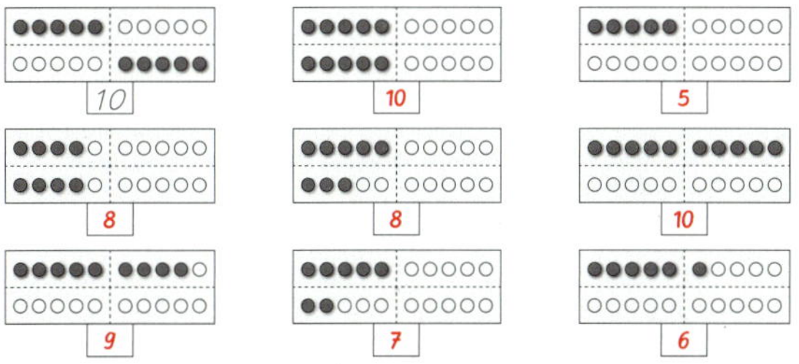

10   10   5

8   8   10

9   7   6

⭐ 3 Wie viele Plättchen sind versteckt?

5   9   10

7   4   10

14

1 Immer 10:
Male in blauer Farbe dazu und schreibe auf.

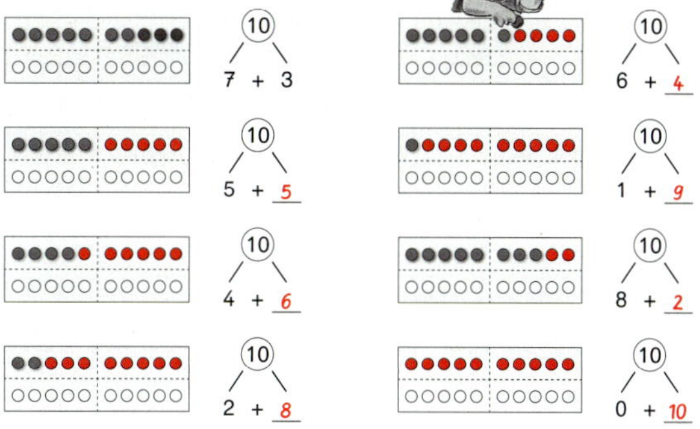

7 + 3   6 + 4

5 + 5   1 + 9

4 + 6   8 + 2

2 + 8   0 + 10

2 Wie viele Zerlegungen gibt es? Schreibe sie auf.

1	7	8	9	10
0 + 1	0 + 7	0 + 8	0 + 9	0 + 10
1 + 0	1 + 6	1 + 7	1 + 8	1 + 9
	2 + 5	2 + 6	2 + 7	2 + 8
	3 + 4	3 + 5	3 + 6	3 + 7
	4 + 3	4 + 4	4 + 5	4 + 6
	5 + 2	5 + 3	5 + 4	5 + 5
	6 + 1	6 + 2	6 + 3	6 + 4
	7 + 0	7 + 1	7 + 2	7 + 3
		8 + 0	8 + 1	8 + 2
			9 + 0	9 + 1
				10 + 0

2 Zerlegungen   8 Zerlegungen   9 Zerlegungen   10 Zerlegungen   11 Zerlegungen

Was fällt dir auf?

15

1 Setze die Zahlen ein und vergleiche mit >, <, =.

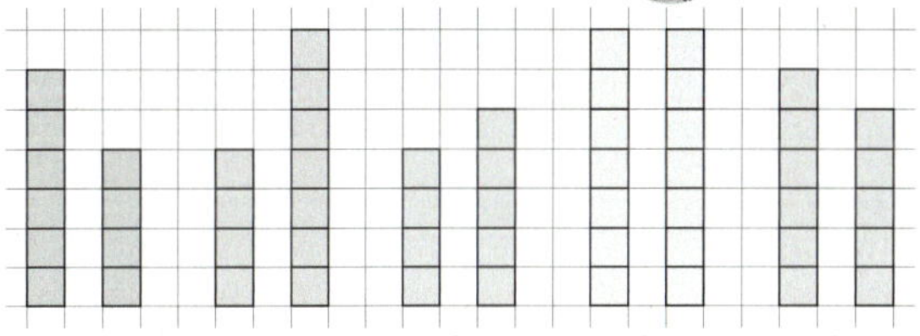

6 > 4   4 < 7   4 < 5   7 = 7   6 > 5

2 Zeichne und setze ein: >, <, =.

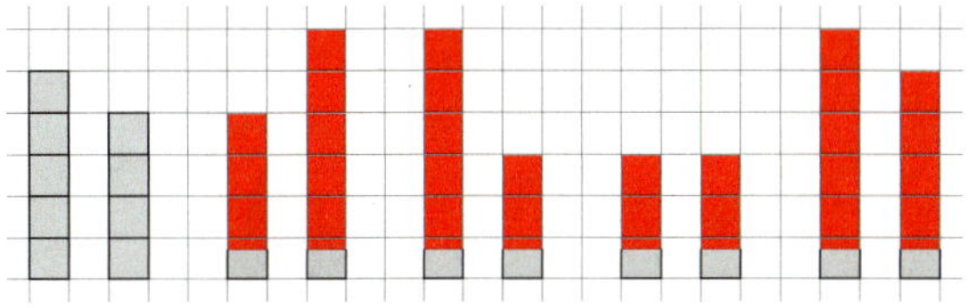

5 > 4   4 < 6   6 > 3   3 = 3   6 > 5

3 Vergleiche mit >, <, =.

a)
3 < 8   7 < 8
4 < 8   8 = 8
5 < 8   9 > 8
6 < 8   10 > 8

b)
5 < 6   9 < 10
6 > 5   9 = 9
5 = 5   10 > 9
6 = 6   10 = 10

c)
2 > 0   4 > 3
2 > 1   3 = 3
2 = 2   2 < 3
2 < 3   1 < 3

d)
1 < 9   0 < 5
8 > 2   10 > 3
3 < 7   4 < 9
6 > 4   7 = 7

16

1 Wer gewinnt? Markiere ✓.

Agata ✓	Leon		Marek	Amelie ✓		Anna	Franz ✓
✓3 > 2			5 < 6 ✓			7 < 9 ✓	
✓5 > 4			✓4 > 3			10 = 10	
3 < 4 ✓			6 < 8 ✓			6 < 7 ✓	
✓6 > 1			9 = 9			✓5 > 0	

Jule ✓	Erkan ✓		Hannah	Max ✓		⭐ Lisa ✓	Stefan ✓
3 = 3			7 < 9 ✓			12 < 15 ✓	
✓5 > 0			6 = 6			✓13 > 11	
4 < 6 ✓			✓10 > 8			8 < 9 ✓	
10 = 10			1 < 10 ✓			✓1 > 0	

2 Mit welcher Zahl gewinnst du …

a) gegen die 4 ?
5 > 4
6 > 4
7 > 4
8 > 4

b) gegen die 5 ?
6 > 5
7 > 5
8 > 5
9 > 5

c) gegen die 6 ?
7 > 6
8 > 6
9 > 6
10 > 6

d) gegen die 7 ?
8 > 7
9 > 7
10 > 7
11 > 7

3 Mit welcher Zahl verlierst du …

a) gegen die 4 ?
3 < 4
2 < 4
1 < 4
0 < 4

b) gegen die 8 ?
7 < 8
6 < 8
5 < 8
4 < 8

c) gegen die 6 ?
5 < 6
4 < 6
3 < 6
2 < 6

d) gegen die 10 ?
9 < 10
8 < 10
7 < 10
6 < 10

17

❶ Zahlen blitzschnell erkannt.

6   10   8

6   9   7

❷ Immer 10: Male und schreibe auf.

10
4 + 6

10
3 + 7

10
10 + 0

10
6 + 4

10
9 + 1

10
2 + 8

❸ Welche Zahl fehlt? Male und schreibe auf.

5   5
2 + 3
4 + 1
1 + 4
3 + 2
0 + 5

6   6
3 + 3
2 + 4
6 + 0
5 + 1
4 + 2

4   4
2 + 2
0 + 4
3 + 1
1 + 3
4 + 0

18

❶ Zahlen blitzschnell erkannt.

8   7   9

8   5   4

❷ Immer 10: Male und schreibe auf.

10
7 + 3

10
5 + 5

10
8 + 2

10
1 + 9

❸ Zerlege und setze fort. Hast du alle Aufgaben gefunden? Vergleiche mit deinem Partner. Sortiere und schreibe alle möglichen Aufgaben in dein 📖.

9
9 + 0
8 + 1
7 + 2
6 + 3

8
2 + 6
4 + 4
6 + 2
8 + 0

10
5 + 5
4 + 6
3 + 7
2 + 8

7
6 + 1
5 + 2
4 + 3
3 + 4

❹ Vergleiche mit $>$, $<$, $=$.

a)
$7 > 3$
$5 > 1$
$9 = 9$

b)
$8 > 7$
$10 > 2$
$6 > 5$

c)
$4 < 6$
$2 < 8$
$9 > 3$

d)
$10 = 10$
$7 > 5$
$3 < 4$

19

① Male dazu oder streiche weg.

8   8

a) 8   b) 5   c) 7

8   5   7

8   5   7

② Wie viele Plättchen sind es dann? Male und schreibe auf.

5 weg   3

2 dazu   5

3 weg   3

1 dazu   6

3 dazu   4

2 weg   2

4 weg   5

4 dazu   6

2 dazu   10

1 weg   6

21

① Wie heißt die Rechnung?

a)
$3 + 4 = 7$
$4 + 5 = 9$
$4 + 1 = 5$
$5 + 3 = 8$

b)
$8 - 2 = 6$
$6 - 3 = 3$
$10 - 5 = 5$
$7 - 1 = 6$

c)
$7 - 4 = 3$
$4 - 3 = 1$
$2 + 6 = 8$
$1 + 6 = 7$

② Male und rechne.

$2 + 5 = 7$
$5 - 2 = 3$
$6 - 4 = 2$

$8 - 1 = 7$
$5 + 4 = 9$
$3 + 1 = 4$

$8 + 2 = 10$
$4 - 3 = 1$
$10 - 5 = 5$

$7 - 2 = 5$
$3 + 2 = 5$
$7 + 3 = 10$

22

① Streiche durch und rechne.

$8 - 3 = 5$ $6 - 4 = 2$ $7 - 2 = 5$

$9 - 4 = 5$ $10 - 6 = 4$ $5 - 3 = 2$

② Lege mit deinen Plättchen und rechne.

a) $7 - 5 = 2$ b) $10 - 5 = 5$ c) $9 - 9 = 0$ d) $6 - 2 = 4$
$6 - 3 = 3$ $10 - 7 = 3$ $3 - 2 = 1$ $7 - 3 = 4$
$8 - 4 = 4$ $8 - 5 = 3$ $7 - 4 = 3$ $9 - 3 = 6$
$9 - 6 = 3$ $4 - 3 = 1$ $8 - 6 = 2$ $4 - 2 = 2$

③ Lege und rechne.

$2 + 5 = 7$

$6 + 1 = 7$

$2 + 5 = 7$ $7 + 1 = 8$ $3 + 6 = 9$
$6 + 1 = 7$ $4 + 2 = 6$ $5 + 5 = 10$
$3 + 0 = 3$ $1 + 3 = 4$ $1 + 4 = 5$
$8 + 2 = 10$ $5 + 4 = 9$ $7 + 3 = 10$
$5 + 3 = 8$ $6 + 2 = 8$ $8 + 0 = 8$

④ Finde mit diesen Zahlen verschiedene Rechnungen und schreibe sie auf.
Wer in eurer Klasse hat die meisten Aufgaben gefunden? Vergleicht.

2   4   10
3   8
1   5
9

$4 + 5 = 9$ z.B. $1 + 9 = 10$
$10 - 2 = 8$ $8 - 5 = 3$
$2 + 3 = 5$ $9 - 4 = 5$

3   10
4   7
8
2   1

$2 + 4 = 6$ z.B. $10 - 7 = 3$
$7 + 3 = 10$ $8 - 2 = 6$
$1 + 6 = 7$ $7 - 3 = 4$

23

① Plus oder minus?
Male und ergänze die Rechnung.

a) $2 + 5 = 7$ b) $4 - 1 = 3$ c) $8 + 2 = 10$

$5 - 1 = 4$ $7 - 7 = 0$ $5 + 1 = 6$

$6 - 3 = 3$ $3 + 3 = 6$ $10 - 6 = 4$

$1 + 4 = 5$ $6 + 3 = 9$ $6 - 5 = 1$

② Rechne.

Das hilft dir!

a)
$5 + 2 = 7$ $6 + 4 = 10$ b) $9 - 8 = 1$ $10 - 10 = 0$
$3 + 1 = 4$ $1 + 8 = 9$ $4 - 2 = 2$ $5 - 3 = 2$
$9 + 0 = 9$ $7 + 1 = 8$ $7 - 3 = 4$ $3 - 0 = 3$
$2 + 3 = 5$ $4 + 4 = 8$ $8 - 4 = 4$ $6 - 2 = 4$
$8 + 2 = 10$ $10 + 0 = 10$ $6 - 4 = 2$ $8 - 7 = 1$

c)
$4 + 6 = 10$ $7 - 4 = 3$ d) $10 - 6 = 4$ $2 + 5 = 7$
$8 - 2 = 6$ $1 + 9 = 10$ $9 - 5 = 4$ $3 + 4 = 7$
$1 + 4 = 5$ $3 + 5 = 8$ $8 - 4 = 4$ $4 + 3 = 7$
$9 - 2 = 7$ $8 - 5 = 3$ $7 - 3 = 4$ $5 + 2 = 7$
$9 - 7 = 2$ $10 - 10 = 0$ $6 - 2 = 4$ $6 + 1 = 7$

24

Wer ist der Gesamtsieger?

① Rechne.
Wer gewinnt? Markiere ✓.

a)
Rim   Simsala
$3 + 4 = 7$ $5 + 3 = 8$ ✓

$6 + 3 = 9$ ✓ $4 + 2 = 6$

$1 + 6 = 7$ $4 + 4 = 8$ ✓

b)
Bim   Simsala
$5 + 4 = 9$ ✓ $5 + 2 = 7$

$6 + 3 = 9$ ✓ $6 + 1 = 7$

$4 + 3 = 7$ $5 + 5 = 10$ ✓

② Bilde Aufgabe und Tauschaufgabe.

$1 + 3 = 4$ $4 + 5 = 9$ $6 + 1 = 7$
$3 + 1 = 4$ $5 + 4 = 9$ $1 + 6 = 7$

$6 + 3 = 9$ $2 + 5 = 7$ $4 + 6 = 10$
★ $3 + 6 = 9$ $5 + 2 = 7$ $6 + 4 = 10$

③ Wie groß ist der Unterschied? Male und rechne.

a) $5 - 2 = 3$ b) $4 - 4 = 0$
$2 + 3 = 5$ $4 + 0 = 4$

c) $6 - 4 = 2$ d) $6 - 3 = 3$
$4 + 2 = 6$ $3 + 3 = 6$

25

Decke jeweils die Tiere, die weggezaubert werden, mit dem Finger ab.

① Simsala und Bim zaubern weg. Rechne.

$6 - 2 = 4$ $9 - 6 = 3$ $5 - 3 = 2$
$6 - 6 = 0$ $9 - 2 = 7$ $5 - 1 = 4$
$6 - 1 = 5$ $9 - 4 = 5$ $5 - 4 = 1$
$6 - 5 = 1$ $9 - 5 = 4$ $5 - 5 = 0$

② Simsala und Bim zaubern mit Fischen.

$7 - 4 = 3$ $3 + 4 = 7$ $5 - 1 = 4$ $4 + 1 = 5$

$9 - 6 = 3$ $3 + 6 = 9$ $3 - 2 = 1$ $1 + 2 = 3$

③ Zaubere wie Simsala und Bim mit deinen Plättchen. Rechne.

… weg   … dazu   … dazu   … weg

Aufgabe	Umkehraufgabe		Aufgabe	Umkehraufgabe
$5 - 2 = 3$	$3 + 2 = 5$		$3 + 1 = 4$	$4 - 1 = 3$
$10 - 4 = 6$	$6 + 4 = 10$		$6 + 3 = 9$	$9 - 3 = 6$
$8 - 3 = 5$	$5 + 3 = 8$		$4 + 2 = 6$	$6 - 2 = 4$
$7 - 6 = 1$	$1 + 6 = 7$		$5 + 5 = 10$	$10 - 5 = 5$
$9 - 7 = 2$	$2 + 7 = 9$		$2 + 6 = 8$	$8 - 6 = 2$
$10 - 0 = 10$	$10 + 0 = 10$		$5 + 3 = 8$	$8 - 3 = 5$

26

① Finde passende Plusaufgaben.

Ergebnis 7	z.B. $4 + 3$	$5 + 2$	$6 + 1$	$7 + 0$
Ergebnis 8	z.B. $1 + 7$	$2 + 6$	$3 + 5$	$4 + 4$
Ergebnis 9	z.B. $1 + 8$	$2 + 7$	$3 + 6$	$4 + 5$
Ergebnis 10	z.B. $5 + 5$	$4 + 6$	$3 + 7$	$2 + 8$

② Schnell im Kopf: das Doppelte. ⭐

Zahl	0	1	2	3	4	5	6	7	8
das Doppelte	0	2	4	6	8	10	12	14	16

③ Schnell im Kopf: Nachbaraufgaben – Male und rechne.

$3 + 3 = 6$
$3 + 4 = 7$
$3 + 2 = 5$

$4 + 4 = 8$
$4 + 5 = 9$
$4 + 3 = 7$

$2 + 2 = 4$
$2 + 3 = 5$
$2 + 1 = 3$

$5 + 5 = 10$
$5 + 6 = 11$
$5 + 4 = 9$

④ Schnell im Kopf: Rechne.

$+1$ $1+$
$4 + 1 = 5$
$1 + 6 = 7$
$7 + 1 = 8$

$+2$ $2+$
$3 + 2 = 5$
$2 + 4 = 6$
$6 + 2 = 8$

$5+$ $+5$
$5 + 2 = 7$ $2 + 5 = 7$
$5 + 0 = 5$ $0 + 5 = 5$
$5 + 3 = 8$ $3 + 5 = 8$

27

---

① Verbinde.

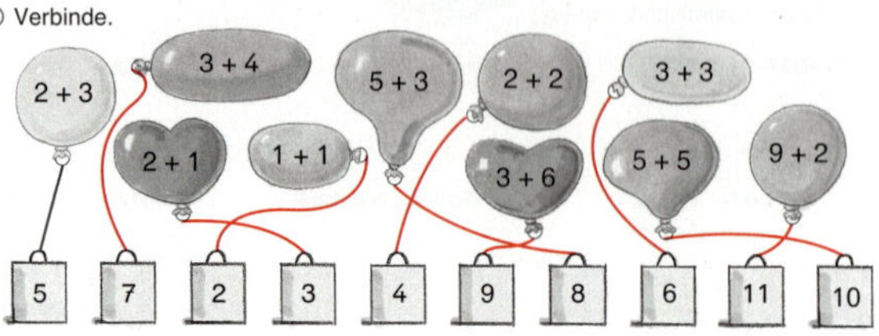

Ballons: $2 + 3$ | $3 + 4$ | $5 + 3$ | $2 + 2$ | $3 + 3$ | $2 + 1$ | $1 + 1$ | $3 + 6$ | $5 + 5$ | $9 + 2$

Zahlen: 5 | 7 | 2 | 3 | 4 | 9 | 8 | 6 | 11 | 10

② Rechne. Verbinde Aufgaben mit gleichem Ergebnis.

$6 + 2 = 8$ $5 + 1 = 6$
$9 + 1 = 10$ $2 + 8 = 10$
$7 + 2 = 9$ $4 + 4 = 8$
$1 + 5 = 6$ $3 + 6 = 9$
$4 + 0 = 4$ $2 + 3 = 5$
$0 + 5 = 5$ $1 + 3 = 4$

$6 + 3 = 9$ $4 + 2 = 6$
$2 + 4 = 6$ $4 + 5 = 9$
$1 + 7 = 8$ $2 + 5 = 7$
$4 + 3 = 7$ $4 + 6 = 10$
$7 + 3 = 10$ $4 + 1 = 5$
$1 + 4 = 5$ $3 + 5 = 8$

③ Rechne und setze jedes Päckchen fort.

$3 + 3 = 6$
$4 + 3 = 7$
$5 + 3 = 8$
$6 + 3 = 9$
$7 + 3 = 10$

$1 + 2 = 3$
$1 + 4 = 5$
$1 + 6 = 7$
$1 + 8 = 9$
$1 + 10 = 11$

$5 + 5 = 10$
$4 + 6 = 10$
$3 + 7 = 10$
$2 + 8 = 10$
$1 + 9 = 10$

$3 + 0 = 3$
$4 + 1 = 5$
$5 + 2 = 7$
$6 + 3 = 9$
$7 + 4 = 11$

Setze diese Aufgaben in deinem 📖 fort oder finde selbst solche Aufgaben.

28

---

① Finde passende Minusaufgaben.

Ergebnis 1	z.B. $5 - 4$	$4 - 3$	$3 - 2$	$2 - 1$
Ergebnis 2	z.B. $7 - 5$	$6 - 4$	$5 - 3$	$4 - 2$
Ergebnis 3	z.B. $9 - 6$	$8 - 5$	$7 - 4$	$6 - 3$
Ergebnis 4	z.B. $9 - 5$	$8 - 4$	$7 - 3$	$6 - 2$

② Schnell im Kopf: die Hälfte. ⭐

Zahl	2	4	6	8	10	12	14	16
die Hälfte	1	2	3	4	5	6	7	8

③ Schnell im Kopf: Rechne.

-0
$5 - 0 = 5$
$7 - 0 = 7$
$4 - 0 = 4$

-1
$3 - 1 = 2$
$5 - 1 = 4$
$8 - 1 = 7$

-2
$7 - 2 = 5$ $9 - 2 = 7$
$5 - 2 = 3$ $6 - 2 = 4$
$8 - 2 = 6$ $10 - 2 = 8$

④ Färbe richtig.

| Ergebnis 0 | Ergebnis 5 | Ergebnis 1 | Ergebnis 2 |

$7 - 5$ | $10 - 5$ | $7 - 6$ | $5 - 0$ | $9 - 8$
$9 - 4$ | $6 - 5$ | $2 - 2$ | $9 - 9$ | $8 - 8$
$4 - 4$ | $8 - 7$ | $10 - 9$ | $7 - 7$ | $8 - 6$
$6 - 1$ | $9 - 7$ | $8 - 3$ | $7 - 2$ | $6 - 6$
$3 - 3$ | $5 - 5$ | $0 - 0$ | $10 - 8$ | $10 - 10$

29

---

① Verbinde.

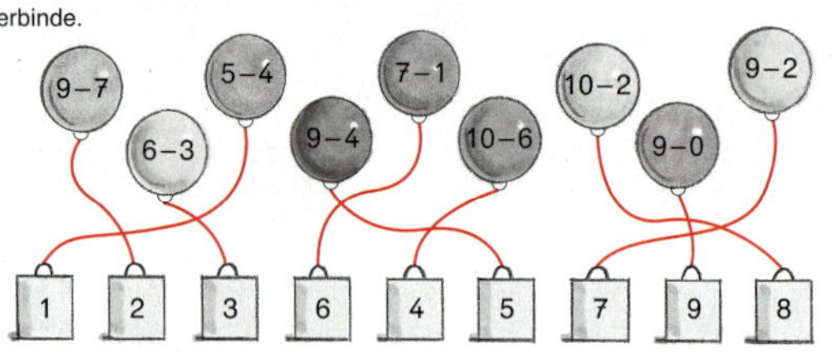

Ballons: $9 - 7$ | $5 - 4$ | $7 - 1$ | $10 - 2$ | $9 - 2$ | $6 - 3$ | $9 - 4$ | $10 - 6$ | $9 - 0$

Zahlen: 1 | 2 | 3 | 6 | 4 | 5 | 7 | 9 | 8

② Rechne. Verbinde Aufgaben mit gleichem Ergebnis.

$10 - 4 = 6$ $7 - 2 = 5$
$8 - 1 = 7$ $9 - 3 = 6$
$9 - 4 = 5$ $7 - 0 = 7$
$7 - 5 = 2$ $8 - 5 = 3$
$6 - 3 = 3$ $10 - 9 = 1$
$5 - 4 = 1$ $4 - 2 = 2$

$10 - 6 = 4$ $7 - 3 = 4$
$8 - 5 = 3$ $7 - 1 = 6$
$9 - 3 = 6$ $5 - 2 = 3$
$10 - 3 = 7$ $5 - 3 = 2$
$8 - 1 = 7$ $9 - 2 = 7$
$8 - 3 = 5$ $10 - 5 = 5$

③ Rechne und setze jedes Päckchen fort.

$3 - 3 = 0$
$4 - 3 = 1$
$5 - 3 = 2$
$6 - 3 = 3$
$7 - 3 = 4$

$2 - 1 = 1$
$4 - 1 = 3$
$6 - 1 = 5$
$8 - 1 = 7$
$10 - 1 = 9$

$10 - 7 = 3$
$9 - 6 = 3$
$8 - 5 = 3$
$7 - 4 = 3$
$6 - 3 = 3$

$10 - 1 = 9$
$9 - 2 = 7$
$8 - 3 = 5$
$7 - 4 = 3$
$6 - 5 = 1$

Setze diese Aufgaben in deinem 📖 fort oder finde selbst solche Aufgaben.

30

① Drei Zahlen – vier Aufgaben

3	5	2

$3 + 2 = 5$
$2 + 3 = 5$
$5 - 3 = 2$
$5 - 2 = 3$

2	7	9

$2 + 7 = 9$
$7 + 2 = 9$
$9 - 7 = 2$
$9 - 2 = 7$

1	10	9

$1 + 9 = 10$
$9 + 1 = 10$
$10 - 9 = 1$
$10 - 1 = 9$

3	7	10

$3 + 7 = 10$
$7 + 3 = 10$
$10 - 7 = 3$
$10 - 3 = 7$

9	5	4

$4 + 5 = 9$
$5 + 4 = 9$
$9 - 5 = 4$
$9 - 4 = 5$

5	3	8

$3 + 5 = 8$
$5 + 3 = 8$
$8 - 5 = 3$
$8 - 3 = 5$

② Welche Karte fehlt? Es gibt 2 Möglichkeiten.

4 passt!
2 aber auch!

1	2	3

$1 + 2 = 3$
$2 + 1 = 3$
$3 - 2 = 1$
$3 - 1 = 2$

1	4	3

$1 + 3 = 4$
$3 + 1 = 4$
$4 - 3 = 1$
$4 - 1 = 3$

4	2	6

$4 + 2 = 6$
$2 + 4 = 6$
$6 - 2 = 4$
$6 - 4 = 2$

8	2	6

$2 + 6 = 8$
$6 + 2 = 8$
$8 - 6 = 2$
$8 - 2 = 6$

Warum haben beide Recht?

Tausche dich mit deinem Partner aus.

31

---

① Drei Karten – zwei Aufgaben:
Wähle die Karten so, dass es nur zwei Aufgaben gibt.

| 8 | 4 | 4 | $4 + 4 = 8$ $8 - 4 = 4$ |

| 3 | 6 | 3 | $3 + 3 = 6$ $6 - 3 = 3$ |

| 2 | 4 | 2 | $2 + 2 = 4$ $4 - 2 = 2$ |

| 1 | 1 | 2 | $1 + 1 = 2$ $2 - 1 = 1$ |

| 5 | 5 | 10 | $5 + 5 = 10$ $10 - 5 = 5$ |

Drei Karten – zwei Aufgaben:
Finde weitere Beispiele.
Schreibe sie in dein 📖.

Prima, die ersten Karten sind schon weg!

⭐ ② Du hast 9 Karten. Lege 3 Aufgaben.
Verwende jede Karte nur einmal! Schreibe die Rechnung auf.

a) 1 2 3 4 5 6 7 8 9 10

$3 + 4 = 7$ $2 + 6 = 8$ $10 - 1 = 9$

b) 1 2 3 4 5 6 7 8 9 10

$10 - 7 = 3$ $2 + 4 = 6$ $1 + 8 = 9$

c) 2 3 4 5 6 7 8 9 10

$3 + 7 = 10$ $8 - 6 = 2$ $9 - 5 = 4$

32

Was ist passiert? Erzählt und schreibt die Rechnungen auf.

$7 - 2 = 5$

$10 - 3 = 7$

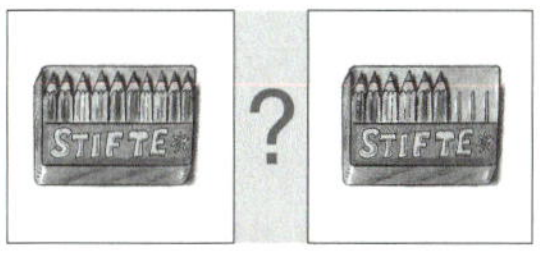

$10 - 4 = 6$

$2 + 1 = 3$

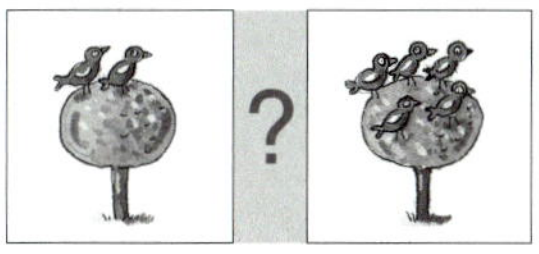

$2 + 3 = 5$

$9 - 2 = 7$

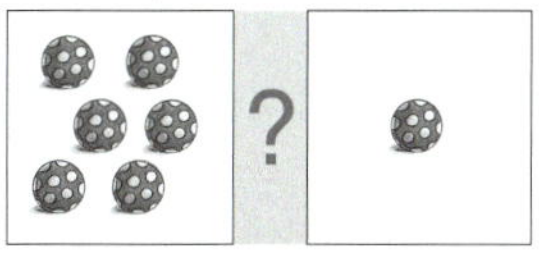

$6 - 5 = 1$

$4 + 3 = 7$

33

---

① Wie wird gezaubert? Schreibe auf und finde weitere Zahlenpaare.

4	7	+3

4	7
1	4
6	9
2	5
z.B. 3	6

10	3	−7

10	3
7	0
8	1
9	2
z.B. 11	4

3	9	+6

3	9
4	10
1	7
2	8
z.B. 3	9

② Finde Paare zu diesen Zauberregeln. Vergleiche mit deinem Partner.

+1	
5	6
1	2
9	10
z.B. 2	3

−2	
6	4
8	6
2	0
z.B. 4	2

+0	
4	4
10	10
5	5
z.B. 6	6

−4	
9	5
4	0
10	6
z.B. 8	4

③ Erste oder zweite Zahl gesucht

+5	
2	7
5	10
0	5
z.B. 4	9

+4	
3	7
5	9
2	6
z.B. 4	8

−3	
9	6
5	2
7	4
z.B. 10	7

−5	
5	0
9	4
10	5
z.B. 6	1

⭐ ④ Hier sind Paare von zwei Zauberregeln durcheinander geraten. Ordne.

| 4 | 6 | 7 | 9 |

| 5 | 4 | 1 | 0 |

| 9 | 8 | 3 | 5 | 6 | 5 |

| 10 | 12 | 1 | 3 |

+2	
4	6
7	9
3	5
10	12
1	3

−1	
5	4
1	0
8	7
6	5
9	8

34

SB S. 50/51

Ein Dreieck hat drei Seiten.
Ein Viereck hat vier Seiten.

Spure nach:

Dreiecke ✏ Vierecke ✏ Kreise ✏

Male solche Bilder
in dein 📖

SB S. 52/53

① Male an:

0 Ecken	3 Ecken	4 Ecken	5 Ecken	6 Ecken

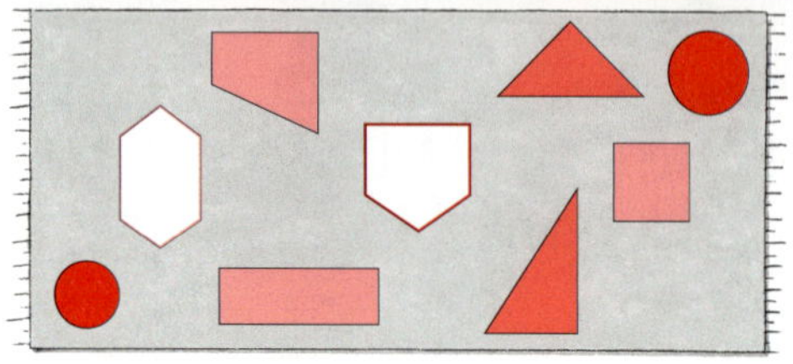

② Male die Rechtecke an.

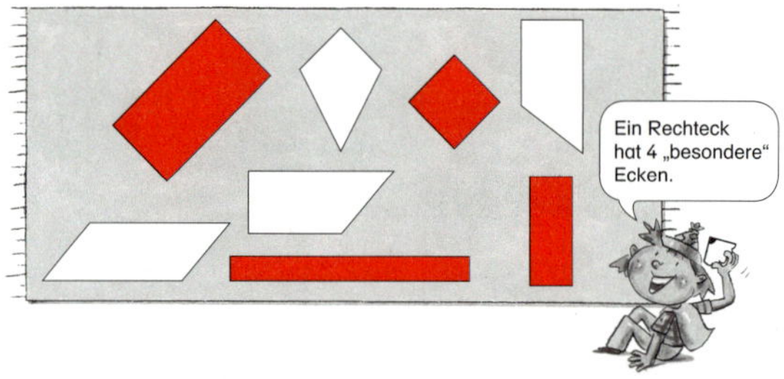

Ein Rechteck
hat 4 „besondere"
Ecken.

③ Male die Quadrate an.

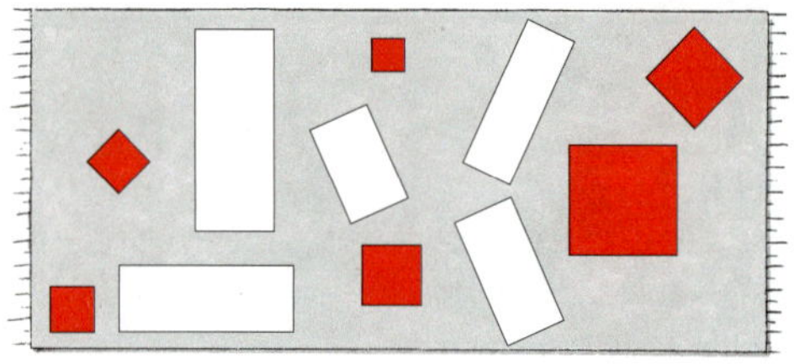

35   36

SB S. 54/55

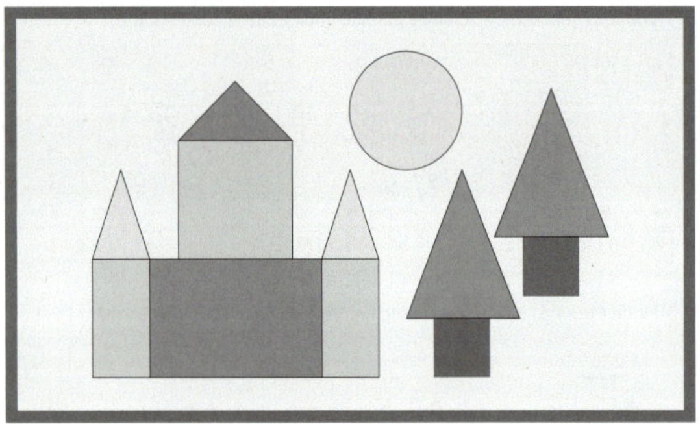

① Zähle.

◯ _1_ ◺ _5_ ▭ _3_ ☐ _3_

② Male das Bild wie oben an. Schneide die Formen aus.
Räume das Bild auf und klebe es auf die Rückseite.

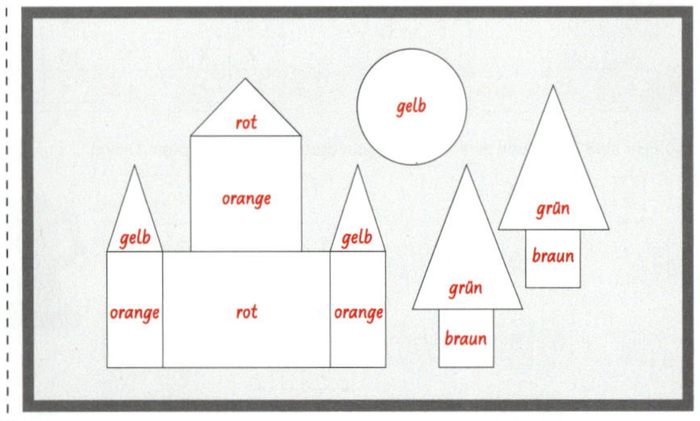

rot

gelb

orange

gelb   gelb

grün

orange   rot   orange   braun

grün

braun

✂

SB S. 56/57

① Immer 10: Welche Zahl fehlt? Trage ein.

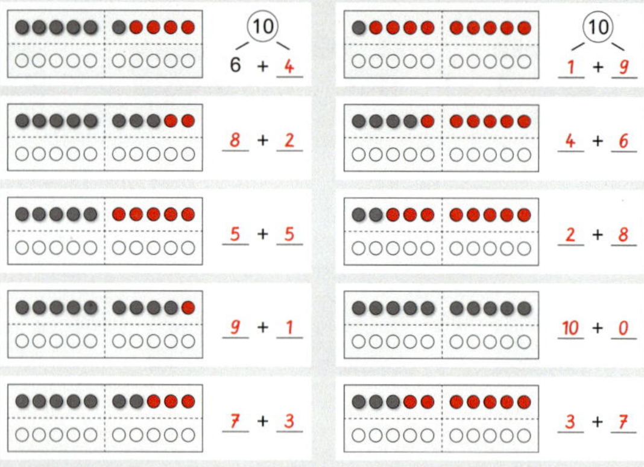

⑩   6 + _4_   ⑩   _1_ + _9_

_8_ + 2   _4_ + 6

_5_ + 5   _2_ + 8

_9_ + 1   10 + _0_

_7_ + 3   _3_ + _7_

② Male und schreibe auf.

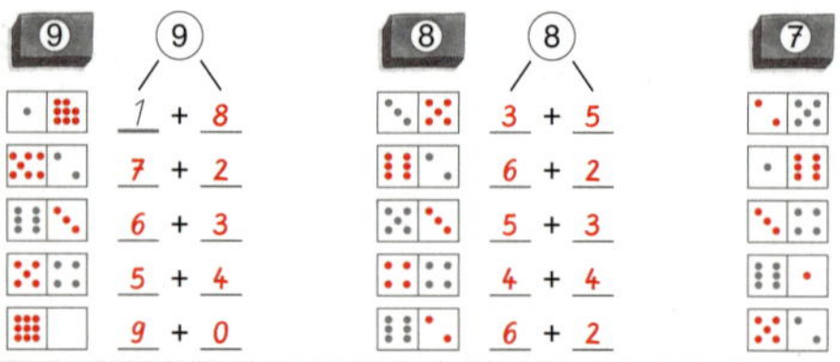

Immer 9   ⑨ ⑼
_1_ + 8
_7_ + 2
_6_ + 3
_5_ + 4
_9_ + 0

Immer 8   ⑧ ⑻
_3_ + 5
_6_ + 2
_5_ + 3
_4_ + 4
_6_ + 2

Immer 7   ⑦ ⑺
_2_ + 5
_1_ + 6
_3_ + 4
_6_ + 1
_5_ + 2

③ Suche die Nachbaraufgaben der Verdopplungsaufgabe.

2 + 2 = _4_	3 + 3 = _6_	4 + 4 = _8_	5 + 5 = _10_
2 + 1 = _3_	3 + 2 = _5_	4 + 3 = _7_	5 + 4 = _9_
2 + 3 = _5_	3 + _4_ = _7_	4 + _5_ = _9_	5 + _6_ = _11_

37   39

Bist du fit? ②
SB S. 56/57

1 Rechne und male.

$5 + 4 = 9$ $4 + 4 = 8$ $7 + 2 = 9$

$9 - 6 = 3$ $8 - 5 = 3$ $7 - 3 = 4$

2 Plus oder minus? Male und schreibe die Rechnung auf.

$2 + 7 = 9$ $10 - 5 = 5$ $5 + 3 = 8$

$8 - 4 = 4$ $6 + 4 = 10$ $7 - 2 = 5$

3 Was ist passiert? Erzählt und schreibt die Rechnungen auf.

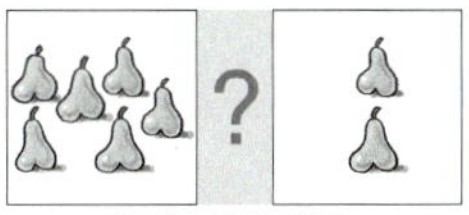

$6 - 4 = 2$  $3 + 2 = 5$

40

Bilder und Rechnungen
SB S. 58/59

1 Finde passende Rechnungen.

a)

$3 + 3 = 6$ $3 + 1 = 4$ $3 + 2 = 5$
$6 - 3 = 3$ $4 - 1 = 3$ $5 - 2 = 3$

b)

$4 + 5 = 9$ $4 + 2 = 6$ $3 + 4 = 7$
$9 - 5 = 4$ $6 - 2 = 4$ $7 - 4 = 3$

2 Welche Bilder passen? Kreuze an ☒.

$6 - 3 = 3$

$5 + 2 = 7$

$7 - 4 = 3$

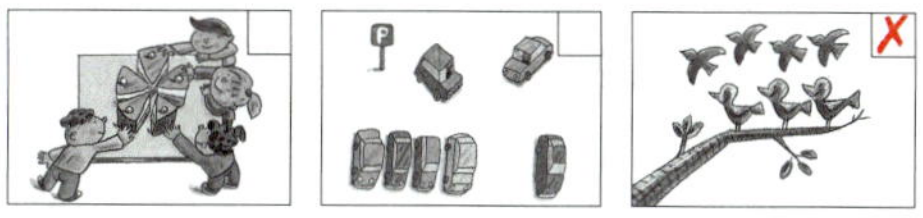

Erklärt, warum das Bild passt.

41

Zahlenmauern
SB S. 60/61

1 Rechne.

a)
8		9		9		11	
3	5	6	3	4	5	6	5
1	2 3	4 2 1		3 1 4		5 1 4	

b:
- 10 / 6 4 / 4 2 2
- 9 / 5 4 / 1 4 0
- 10 / 5 5 / 5 0 5
- 4 / 2 2 / 1 1 1

2 Baue mit diesen Grundsteinen verschiedene Mauern.

Steine: 0, 2, 3

- 7 / — / 0 2 3
- 8 / 3 5 / 0 3 2
- 8 / 5 3 / 2 3 0
- 5 / 2 3 / 2 0 3
- 5 / 3 2 / 3 0 2
- 7 / 5 2 / 3 2 0

Wie gehst du geschickt vor?

3 Welche Zahlen fehlen? Trage sie ein.

a)
- 7 / 3 4 / 1 2 2
- 6 / 1 5 / 1 0 5
- 7 / 2 5 / 1 1 4
- 10 / 4 6 / 3 1 5

b)
- 6 / 3 3 / 1 2 1
- 8 / 6 2 / 5 1 1
- 7 / 4 3 / 2 2 1
- 10 / 5 5 / 2 3 2

4 Zielstein 7: Vergleiche deine Ergebnisse mit deinem Partner.

- 7 / 4 3 / z.B. 1 3 0
- 7 / 2 5 / 1 1 4
- 7 / 1 6 / 0 1 5
- 7 / 0 7 / 0 0 7

5 Deine Zahlenmauern: Wähle die Steine selbst. Dein Partner kontrolliert.

42

Links und rechts – immer gleich viel
SB S. 62/63

1 Verbinde die Schachteln und schreibe die passenden Rechnungen nebeneinander.

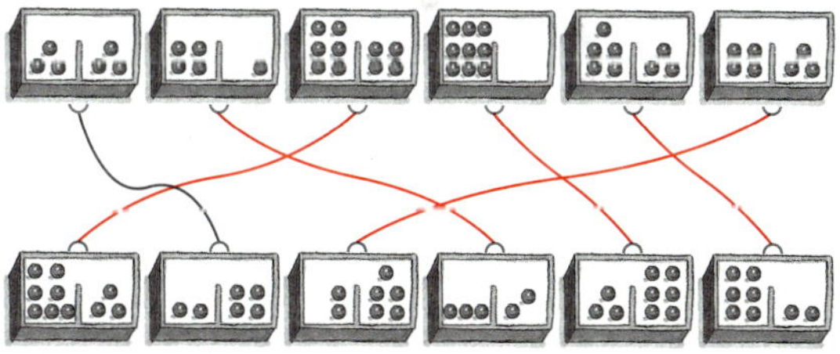

$3 + 3 = 2 + 4$ $4 + 1 = 3 + 2$ $6 + 4 = 7 + 3$

$9 + 0 = 3 + 6$ $5 + 3 = 6 + 2$ $4 + 3 = 2 + 5$

2 Verbinde die Karten mit dem gleichen Ergebnis.

5 + 3	5 + 5	4 + 5	1 + 3	2 + 4	2 + 5	3 + 2
1 + 8	4 + 4	6 + 4	3 + 4	2 + 2	5 + 0	3 + 3

3 Links und rechts ist immer gleich viel. Trage die fehlende Zahl ein.

a)

$8 = 4 + 4$ $10 = 2 + 8$
$6 = 4 + 2$ $6 = 1 + 5$
$7 = 2 + 5$ $8 = 5 + 3$
$9 = 3 + 6$ $9 = 0 + 9$
$10 = 5 + 5$ $7 = 6 + 1$

b)

$3 + 4 = 7$ $4 + 5 = 9$
$5 + 3 = 8$ $5 + 2 = 7$
$7 + 3 = 10$ $5 + 1 = 6$
$9 + 0 = 9$ $2 + 6 = 8$
$2 + 4 = 6$ $9 + 1 = 10$

4 Links und rechts ist immer gleich viel. Trage die fehlende Zahl ein.

$2 + 6 = 7 + 1$ $5 + 4 = 6 + 3$ $6 + 4 = 5 + 5$

$3 + 7 = 5 + 5$ $5 + 2 = 3 + 4$ $4 + 4 = 5 + 3$

$1 + 8 = 4 + 5$ $3 + 6 = 1 + 8$ $3 + 2 = 5 + 0$

43

① Vergleiche mit >, <, =.

$2 + 3 < 4 + 2$
$5 + 2 < 5 + 4$
$2 + 5 > 4 + 1$
$6 + 2 = 5 + 3$
$4 + 4 < 6 + 3$
$6 + 2 > 4 + 2$
$5 + 1 = 1 + 5$

$3 + 3 = 2 + 4$
$5 + 5 < 6 + 5$
$6 + 4 > 2 + 5$

② Welches Zeichen passt? Siehst du es ohne zu rechnen?

$5 + 2 < 6 + 2$	$1 + 7 < 1 + 9$	$2 + 4 = 3 + 3$
$8 + 1 > 7 + 1$	$4 + 5 > 2 + 5$	$4 + 6 > 5 + 4$
$3 + 4 = 4 + 3$	$6 + 3 > 6 + 1$	$5 + 3 = 6 + 2$
$2 + 6 < 2 + 7$	$9 + 0 = 0 + 9$	$1 + 8 > 2 + 5$

③ Vergleiche mit >, <, =.

$8 - 2 < 9 - 2$	$10 - 3 = 9 - 2$	$4 - 1 < 6 - 2$
$7 - 3 < 7 - 2$	$10 - 5 = 9 - 4$	$9 - 2 > 8 - 5$
$7 - 2 > 6 - 5$	$6 - 3 = 5 - 2$	$6 - 5 < 9 - 2$
$3 - 3 < 4 - 2$	$6 - 5 > 4 - 4$	$10 - 8 = 8 - 6$

④ Rechne.

$1 + 9 = 6 + 4$	$10 - 8 = 6 - 4$	$0 + 9 = 10 - 1$
$4 + 5 = 7 + 2$	$9 - 5 = 7 - 3$	$8 - 4 = 2 + 2$
$9 + 1 = 5 + 5$	$9 - 6 = 5 - 2$	$3 + 7 = 10 - 0$
$2 + 8 = 4 + 6$	$10 - 6 = 4 - 0$	$10 - 5 = 1 + 4$

44

① Welche Fragen kannst du beantworten? Kreuze an X.

[X] Wie viele 🧒 sind im 🛶?
[ ] Wann gehen die 🧒 nach Hause?
[X] Wer hat ein 🛷?
[X] Wo ist die 🦆?
[X] Wie viele 🧒 spielen 🏐?

② Male Frage und passende Antwort in der gleichen Farbe an.

Wie viele 🧒 reiten?
Wie viele 🐴 sind es?
Wie viele 🧒 haben einen 🪖?

5 🧒 reiten.
Es sind 5 🐫.
5 🧒 haben einen 🦆.
Es sind 3 🐴.
7 🧒 haben einen 🪖.
3 🧒 reiten.

45

① Am [Rutsche] sind 4 Kinder. 3 Kinder kommen dazu.
F: Wie viele Kinder sind es jetzt?
R: $4 + 3 = 7$
A: Es sind jetzt 7 Kinder.

② Auf der [Wippe] sind 6 Kinder. 3 Kinder gehen weg.
F: Wie viele Kinder sind noch da?
R: $6 - 3 = 3$
A: Es sind noch 3 Kinder da.

③ 8 Kinder sind auf dem [Klettergerüst]. 2 Kinder springen herunter.
F: Wie viele Kinder sind noch auf dem [Klettergerüst]?
R: $8 - 2 = 6$
A: Es sind noch 6 Kinder auf dem Klettergerüst.

④ Auf der [Wippe] sind 2 Kinder. Im [Sandkasten] sind 3 Kinder und auf dem [Rutsche] sind 4 Kinder.
F: Wie viele Kinder sind es insgesamt?
R: $2 + 3 + 4 = 9$
A: Es sind insgesamt 9 Kinder.

⭐ ⑤ Am [Rutsche] sind 9 Kinder. Das sind 5 mehr als im [Sandkasten].
F: Wie viele Kinder sind im [Sandkasten]?
R: $9 - 5 = 4$
A: Es sind 4 Kinder im Sandkasten.
F: Wie viele Kinder sind es insgesamt?
R: $9 + 4 = 1\ 3$
A: Es sind insgesamt 13 Kinder.

46

① Wie viele Plättchen sind es? Trage ein.

Z	E	Z	E	Z	E	Z	E
1	4	1	0	1	7	1	6

② Male die Plättchen in das Zwanzigerfeld.

Z	E	Z	E	Z	E	Z	E
1	3	1	5	1	7	2	0

Z	E	Z	E	Z	E	Z	E
1	8	1	2	1	1		9

③ Diese Karten sind durcheinandergeraten. Immer 4 Karten gehören zusammen. Male sie mit der gleichen Farbe an.

15	18	12	17	14
siebzehn	vierzehn	zwölf	fünfzehn	achtzehn
1 Z 8 E	1 Z 2 E	1 Z 5 E	1 Z 7 E	1 Z 4 E

④ Rechne.

$10 + 1 = 11$	$10 + 3 = 13$	$10 + 4 = 14$	⭐ $20 + 1 = 21$
$10 + 8 = 18$	$10 + 9 = 19$	$10 + 2 = 12$	$20 + 2 = 22$
$10 + 10 = 20$	$10 + 7 = 17$	$10 + 5 = 15$	$20 + 3 = 23$

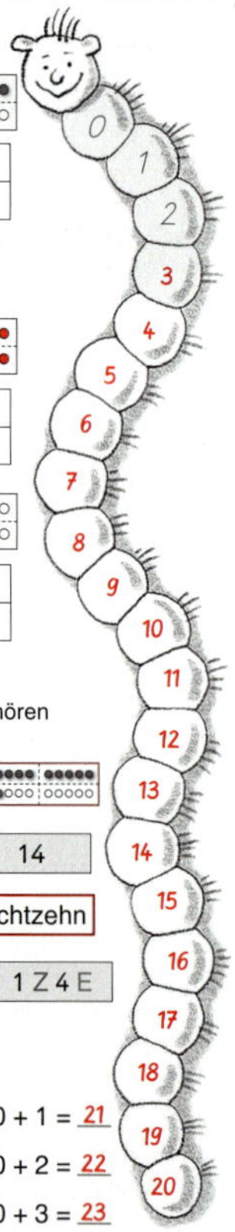

Trage die fehlenden Zahlen in die Raupe ein. Male weiter.

0 1 2 3 4 5 6 7 8 9 10 11 12 13 14 15 16 17 18 19 20

47

Zahlenzauber 1 – Arbeitsheft © 2014 Oldenbourg Schulbuchverlag GmbH, München

① Trage die fehlenden Zahlen ein.

1	2	3	4	5	6	7	8	9	10
11	12	13	14	15	16	17	18	19	20

② Welche Zahlen fehlen? Trage sie ein.

a)

4	5		1	2		6	7		2	3
14	15		11	12		16	17		12	13

b)

6	7	8		6			9		9	8
16				16	17	18		18	19	20		18	19

★ c)

	8	9		5		8		7		9
17		20		16	17		18		20

> Du kannst eine Spielfigur zu Hilfe nehmen!

| 1 | 2 | 3 | 4 | 5 | 6 | 7 | 8 | 9 | 10 |
| 11 | 12 | 13 | 14 | 15 | 16 | 17 | 18 | 19 | 20 |

③ Wo landest du?

a) Du stehst auf 10. Gehe ein Feld nach unten. __20__

b) Du stehst auf 11. Gehe ein Feld nach oben und eins nach rechts. __2__

c) Du stehst auf 15. Gehe ein Feld nach oben. __5__

d) Du stehst auf 6. Gehe ein Feld nach rechts und eins nach unten. __17__

e) Du stehst auf 7. Gehe ein Feld nach links und eins nach unten. __16__

f) Du stehst auf 14. Gehe ein Feld nach links und eins nach oben. __3__

g) Stelle deinem Partner Zahlenrätsel.

① Wohin gehören die übrigen Karten? Verbinde.

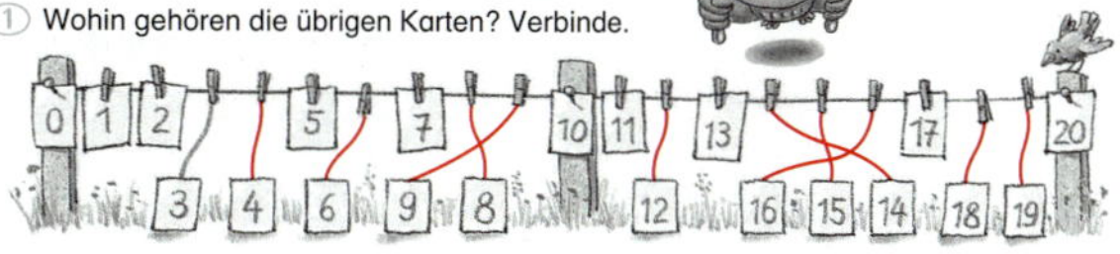

② Nachbarzahlen

_11_	12	_13_		_3_	4	_5_		_15_	16	_17_		_5_	6	_7_
_12_	13	_14_		_7_	8	_9_		_13_	14	_15_		_16_	17	_18_
_4_	5	_6_		_8_	9	_10_		_0_	1	_2_		_19_	20	_21_
_9_	10	_11_		_1_	2	_3_		_2_	3	_4_		_6_	7	_8_
_18_	19	_20_		_10_	11	_12_		_14_	15	_16_		_17_	18	_19_

③ Vergleiche mit $>$, $<$, $=$.

19 $>$ 10	14 $<$ 15	11 $=$ 11	8 $<$ 9
3 $<$ 13	17 $>$ 13	13 $>$ 12	9 $<$ 10
15 $>$ 14	16 $<$ 19	12 $<$ 13	10 $<$ 11
20 $>$ 2	10 $=$ 10	13 $<$ 14	11 $<$ 12
7 $=$ 7	19 $>$ 9	14 $>$ 13	12 $=$ 12

④ Zähle in Schritten und schreibe die fehlenden Zahlen auf.

a) 1, 3, 5, __7__, __9__, __11__, __13__, 15   (+ 2)

b) 1, 4, 7, __10__, __13__, __16__, 19   (+ 3)

c) 15, 14, 13, __12__, __11__, __10__, __9__, 8   (− 1)

★ d) 1, 3, 2, 4, __3__, __5__, __4__, __6__, 5   (+ 2, − 1)

★ e) 20, 19, 17, 16, 14, __13__, __11__, __10__, __8__, 7   (− 1, − 2)

> Ein Zahlenstrahl hilft dir.

① Ergänze achsensymmetrisch. Lege mit den Formen nach und male aus.

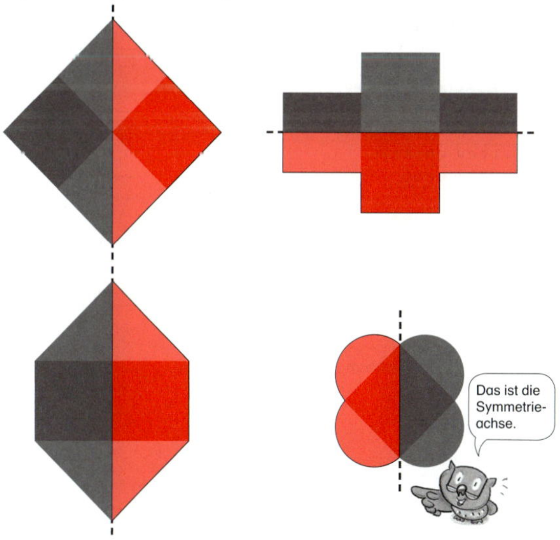

> Das ist die Symmetrieachse.

② Es sollen immer zwei gleiche Hälften sein. Ergänze.

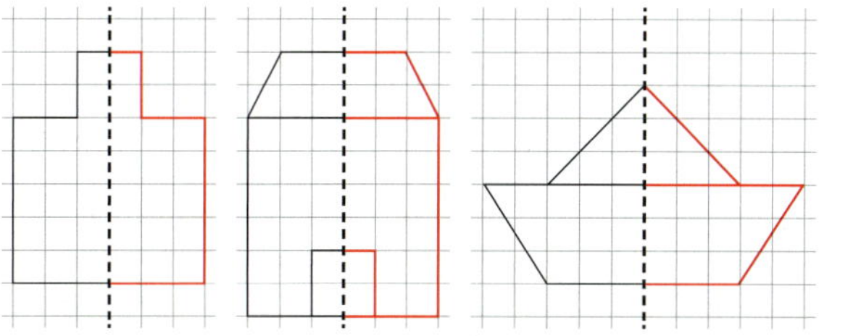

$3 + 4 = 7$  $13 + 4 = 17$

① Färbe die verwandten Aufgaben mit der gleichen Farbe. Rechne.

$3 + 4 = 7$		$13 + 4 = 17$	
	$7 + 1 = 8$		$14 + 5 = 19$
$2 + 3 = 5$		$17 + 1 = 18$	
	$5 + 5 = 10$		$11 + 8 = 19$
$4 + 5 = 9$		$15 + 5 = 20$	
	$1 + 8 = 9$		$12 + 3 = 15$

② Schreibe die kleine Aufgabe dazu. Rechne.

$11 + 4 = 15$	$12 + 5 = 17$	$17 + 1 = 18$	$15 + 3 = 18$
$1 + 4 = 5$	$2 + 5 = 7$	$7 + 1 = 8$	$5 + 3 = 8$
$13 + 6 = 19$	$17 + 3 = 20$	$14 + 4 = 18$	$16 + 2 = 18$
$3 + 6 = 9$	$7 + 3 = 10$	$4 + 4 = 8$	$6 + 2 = 8$

③ Rechne.

$15 + 2 = 17$	$12 + 7 = 19$	$15 + 4 = 19$	$11 + 8 = 19$
$11 + 7 = 18$	$14 + 5 = 19$	$16 + 3 = 19$	$14 + 3 = 17$
$12 + 4 = 16$	$18 + 1 = 19$	$12 + 6 = 18$	$16 + 2 = 18$

> Denke an die kleine Aufgabe!

④ Rechne und setze das Päckchen fort.

$12 + 5 = 17$	$14 + 3 = 17$	$13 + 7 = 20$	$10 + 6 = 16$
$12 + 6 = 18$	$14 + 4 = 18$	$14 + 6 = 20$	$12 + 4 = 16$
$12 + 7 = 19$	$14 + 5 = 19$	$15 + 5 = 20$	$14 + 2 = 16$
$12 + 8 = 20$	$14 + 6 = 20$	$16 + 4 = 20$	$16 + 0 = 16$

Zahlenzauber 1 – Arbeitsheft © 2014 Oldenbourg Schulbuchverlag GmbH, München

Verwandte Minusaufgaben

5 − 2 = 3   15 − 2 = 13

① Färbe die verwandten Aufgaben mit der gleichen Farbe. Rechne.

5 − 2 = 3   8 − 5 = 3   15 − 2 = 13   17 − 3 = 14

2 − 2 = 0   9 − 6 = 3   18 − 5 = 13   14 − 0 = 14

7 − 3 = 4   4 − 0 = 4   19 − 6 = 13   12 − 2 = 10

② Schreibe die kleine Aufgabe dazu. Rechne.

17 − 3 = 14   14 − 2 = 12   13 − 2 = 11   18 − 6 = 12
7 − 3 = 4   4 − 2 = 2   3 − 2 = 1   8 − 6 = 2

18 − 4 = 14   16 − 5 = 11   19 − 8 = 11   15 − 4 = 11
8 − 4 = 4   6 − 5 = 1   9 − 8 = 1   5 − 4 = 1

③ Rechne.

14 − 3 = 11   18 − 5 = 13   16 − 1 = 15   15 − 4 = 11
17 − 5 = 12   19 − 3 = 16   17 − 6 = 11   18 − 3 = 15
16 − 4 = 12   16 − 5 = 11   19 − 4 = 15   19 − 7 = 12

Denke an die kleine Aufgabe!

④ Rechne und setze das Päckchen fort.

18 − 2 = 16   19 − 4 = 15   13 − 1 = 12   20 − 3 = 17
18 − 3 = 15   19 − 3 = 16   14 − 2 = 12   19 − 4 = 15
18 − 4 = 14   19 − 2 = 17   15 − 3 = 12   18 − 5 = 13
18 − 5 = 13   19 − 1 = 18   16 − 4 = 12   17 − 6 = 11

52

Verdoppeln

① Verdopple. Male und rechne.

10 + 10 = 20   3 + 3 = 6   6 + 6 = 12

7 + 7 = 14   0 + 0 = 0   8 + 8 = 16

1 + 1 = 2   9 + 9 = 18   4 + 4 = 8

② Immer das Doppelte!

3 + 3 = 6   7 + 7 = 14   2 + 2 = 4   4 + 4 = 8

③

Zahl	2	4	6	8	10	11	3	5	7	9	0
das Doppelte	4	8	12	16	20	22	6	10	14	18	0

④

Zahl	9	7	4	2	10	5	8	3	6	1	0
das Doppelte	18	14	8	4	20	10	16	6	12	2	0

53

Halbieren

① Halbiere. Schreibe die Rechnung auf.

8 = 4 + 4   14 = 7 + 7   16 = 8 + 8   12 = 6 + 6

② Male Plättchen so in das Zwanzigerfeld, dass du gut halbieren kannst.

12 = 6 + 6   6 = 3 + 3   20 = 10 + 10   2 = 1 + 1

18 = 9 + 9   4 = 2 + 2   16 = 8 + 8   10 = 5 + 5

③ Halbiere. Zeichne und rechne.

6 = 3 + 3   2 = 1 + 1   8 = 4 + 4   18 = 9 + 9

12 = 6 + 6   10 = 5 + 5   4 = 2 + 2   20 = 10 + 10

④

Zahl	12	8	14	6	4	10	18	2	16	20	14	6	18	10	4
die Hälfte	6	4	7	3	2	5	9	1	8	10	7	3	9	5	2

54

Grundwissen ③

① Wie viele Plättchen sind es?

1 2   10 + 2 = 12

1 5   10 + 5 = 15

1 8   10 + 8 = 18

1 3   10 + 3 = 13

2 0   10 + 10 = 20

② Zahlen und ihre Nachbarn

13 14 15   16 17 18   18 19 20
17 18 19   9 10 11   10 11 12
11 12 13   12 13 14   15 16 17

③ Die verwandte Aufgabe hilft. Rechne.

a)
4 + 2 = 6   6 + 3 = 9   2 + 7 = 9
14 + 2 = 16   16 + 3 = 19   12 + 7 = 19

b)
7 − 4 = 3   8 − 2 = 6   4 − 3 = 1
17 − 4 = 13   18 − 2 = 16   14 − 3 = 11

④ Halbiere.

12 = 6 + 6   18 = 9 + 9   14 = 7 + 7

55

① Verbinde die Karten mit dem gleichen Ergebnis.

| 2 + 3 | 4 + 4 | 6 + 0 | 5 + 5 | 1 + 8 | 4 + 3 | 0 + 3 |

| 2 + 6 | 1 + 4 | 2 + 8 | 2 + 5 | 3 + 3 | 1 + 2 | 6 + 3 |

② Vergleiche mit >, <, =.

$6 + 2 < 4 + 5$ $6 - 2 > 8 - 6$ $10 - 7 < 9 - 2$

$7 - 3 < 2 + 3$ $9 - 3 < 4 + 4$ $8 + 2 > 9 - 2$

$9 - 5 = 7 - 3$ $4 + 3 > 6 + 0$ $4 + 2 < 9 - 2$

③ Zu einer Zahl gehören immer vier Karten. Ergänze die Karten.

18	16	13	20	17
1Z 8E	1Z 6E	1Z 3E	2Z 0E	1Z 7E
achtzehn	sechzehn	dreizehn	zwanzig	siebzehn

④ Verdopple.

$0 + 0 = 0$ $1 + 1 = 2$ $2 + 2 = 4$ $3 + 3 = 6$

$4 + 4 = 8$ $5 + 5 = 10$ $6 + 6 = 12$ $7 + 7 = 14$

$8 + 8 = 16$ $9 + 9 = 18$ $10 + 10 = 20$ ⭐ $11 + 11 = 22$

⑤ Halbiere.

$2 = 1 + 1$ $4 = 2 + 2$ $6 = 3 + 3$ $8 = 4 + 4$

$10 = 5 + 5$ $12 = 6 + 6$ $14 = 7 + 7$ $16 = 8 + 8$

$18 = 9 + 9$ $20 = 10 + 10$ $0 = 0 + 0$ ⭐ $22 = 11 + 11$

56

---

① Schreibe alle Verdopplungsaufgaben bis 20 auf.

$1 + 1 = 2$ $2 + 2 = 4$ $3 + 3 = 6$ $4 + 4 = 8$ $5 + 5 = 10$

$6 + 6 = 12$ $7 + 7 = 14$ $8 + 8 = 16$ $9 + 9 = 18$ $10 + 10 = 20$

② Finde zu jeder Verdopplungsaufgabe 4 Nachbaraufgaben.

$7 + 7 = 14$		$8 + 8 = 16$	
$6 + 7 = 13$	$7 + 6 = 13$	$7 + 8 = 15$	$8 + 7 = 15$
$8 + 7 = 15$	$7 + 8 = 15$	$9 + 8 = 17$	$8 + 9 = 17$

③ Welche Verdopplungsaufgabe hilft? Hat dein Partner dieselbe Verdopplungsaufgabe gewählt? Vergleicht.

$8 + 7 = 15$ $6 + 5 = 11$ $7 + 6 = 13$ $5 + 4 = 9$

$7 + 7 = 14$ z.B. $5 + 5 = 10$ z.B. $6 + 6 = 12$ z.B. $4 + 4 = 8$

$8 + 9 = 17$ $9 + 8 = 17$ $6 + 7 = 13$ $7 + 8 = 15$

z.B. $9 + 9 = 18$ z.B. $8 + 8 = 16$ z.B. $7 + 7 = 14$ z.B. $8 + 8 = 16$

④ Verbinde Aufgabe und Hilfsaufgabe. Rechne.

$6 + 7 = 13$

$5 + 6 = 11$

$8 + 7 = 15$

$5 + 5 = 10$

$6 + 6 = 12$

$7 + 7 = 14$

$9 + 8 = 17$

$8 + 8 = 16$

57

① Schreibe Aufgaben mit 10 auf.

$10 + 1 = 11$ $10 + 2 = 12$ $10 + 3 = 13$ $10 + 4 = 14$ $10 + 5 = 15$

$10 + 6 = 16$ $10 + 7 = 17$ $10 + 8 = 18$ $10 + 9 = 19$ $10 + 10 = 20$

② Die Nachbaraufgabe mit 10 hilft.

$6 + 9 = 15$ $3 + 9 = 12$ $5 + 9 = 14$ $7 + 9 = 16$

$6 + 10 = 16$ $3 + 10 = 13$ $5 + 10 = 15$ $7 + 10 = 17$

$9 + 4 = 13$ $9 + 8 = 17$ $9 + 6 = 15$ $9 + 5 = 14$

$10 + 4 = 14$ $10 + 8 = 18$ $10 + 6 = 16$ $10 + 5 = 15$

③ Färbe Aufgabe und Hilfsaufgabe gleich. Rechne.

$10 + 3 = 13$

$10 + 5 = 15$

$8 + 10 = 18$

$9 + 5 = 14$

$9 + 7 = 16$

$10 + 7 = 17$

$9 + 3 = 12$

$10 + 2 = 12$

$10 + 6 = 16$

$4 + 9 = 13$

$4 + 10 = 14$

$9 + 6 = 15$

$9 + 2 = 11$

$8 + 9 = 17$

④ Finde weitere passende Aufgaben. Schreibe sie in dein 📖.

58

① a) Male die Aufgaben mit Zwischenstopp bei 10 an.

$9 + 3 = 12$	$10 + 5 = 15$	$8 + 1 = 9$	$6 + 8 = 14$	$4 + 4 = 8$
$8 + 5 = 13$	$7 + 5 = 12$	$4 + 8 = 12$	$5 + 2 = 7$	$5 + 9 = 14$

b) Rechne die Aufgaben ohne Zwischenstopp aus.

② Male und rechne.

$8 + 5 = 13$
$8 + 2 + 3 = 13$

$9 + 6 = 15$
$9 + 1 + 5 = 15$

$6 + 7 = 13$
$6 + 4 + 3 = 13$

$5 + 7 = 12$
$5 + 5 + 2 = 12$

$7 + 8 = 15$
$7 + 3 + 5 = 15$

$4 + 9 = 13$
$4 + 6 + 3 = 13$

③ Rechne mit einem Zwischenstopp bei 10.

a)
$5 + 8 = 13$ $9 + 4 = 13$ $7 + 5 = 12$ $6 + 8 = 14$
$5 + 5 + 3 = 13$ $9 + 1 + 3 = 13$ $7 + 3 + 2 = 12$ $6 + 4 + 4 = 14$

b)
$8 + 4 = 12$ $4 + 7 = 11$ $8 + 3 = 11$ $5 + 9 = 14$
  $2\quad 2$ $6\quad 1$ $2\quad 1$ $5\quad 4$

c)
$7 + 6 = 13$ $8 + 6 = 14$ $6 + 9 = 15$ $4 + 8 = 12$
  $3\quad 3$ $2\quad 4$ $4\quad 5$ $6\quad 2$

④ Löse jetzt die restlichen Aufgaben aus ① im Kopf.

59

① a) Male die Aufgaben mit Zwischenstopp bei 10 an.

$14 - 6 = 8$	$16 - 6 = 10$	$12 - 8 = 4$	$15 - 7 = 8$	$11 - 4 = 7$
$19 - 9 = 10$	$18 - 7 = 11$	$14 - 1 = 13$	$17 - 5 = 12$	$13 - 6 = 7$

b) Rechne die Aufgaben ohne Zwischenstopp aus.

② Male und rechne.

$13 - 5 = 8$
$13 - 3 - 2 = 8$

$15 - 6 = 9$
$15 - 5 - 1 = 9$

$12 - 7 = 5$
$12 - 2 - 5 = 5$

$16 - 9 = 7$
$16 - 6 - 3 = 7$

$11 - 8 = 3$
$11 - 1 - 7 = 3$

$14 - 5 = 9$
$14 - 4 - 1 = 9$

③ Rechne mit einem Zwischenstopp bei 10.

a)
$14 - 6 = 8$ / $14 - 4 - 2 = 8$
$15 - 7 = 8$ / $15 - 5 - 2 = 8$
$11 - 4 = 7$ / $11 - 1 - 3 = 7$
$11 - 7 = 4$ / $11 - 1 - 6 = 4$

b)
$17 - 9 = 8$ (7, 2)
$12 - 8 = 4$ (2, 6)
$13 - 5 = 8$ (3, 2)
$14 - 9 = 5$ (4, 5)

c)
$17 - 8 = 9$ (7, 1)
$16 - 7 = 9$ (6, 1)
$14 - 8 = 6$ (4, 4)
$12 - 5 = 7$ (2, 3)

④ Löse jetzt die restlichen Aufgaben aus ① im Kopf.

60

① Welche Verdopplungsaufgabe hilft dir? Schreibe sie auf. Vergleiche mit deinem Partner.

$7 + 8 = 15$	$5 + 6 = 11$	$6 + 7 = 13$	$7 + 6 = 13$
$7 + 7 = 14$	z.B. $5 + 5 = 10$	z.B. $6 + 6 = 12$	z.B. $7 + 7 = 14$
$6 + 5 = 11$	$8 + 9 = 17$	$8 + 7 = 15$	$9 + 8 = 17$
z.B. $6 + 6 = 12$	z.B. $8 + 8 = 16$	z.B. $8 + 8 = 16$	z.B. $9 + 9 = 18$

② Rechne mit einem Zwischenstopp bei 10.

$7 + 5 = 12$ (3, 2)
$8 + 4 = 12$ (2, 2)
$9 + 7 = 16$ (1, 6)
$5 + 8 = 13$ (5, 3)

$3 + 8 = 11$ (7, 1)
$6 + 8 = 14$ (4, 4)
$7 + 4 = 11$ (3, 1)
$8 + 6 = 14$ (2, 4)

③ Nahe an der 10

$5 + 9 = 14$	$6 + 9 = 15$	$8 + 9 = 17$	$7 + 9 = 16$
$5 + 10 = 15$	$6 + 10 = 16$	$8 + 10 = 18$	$7 + 10 = 17$
$9 + 7 = 16$	$9 + 4 = 13$	$9 + 3 = 12$	$9 + 6 = 15$
$10 + 7 = 17$	$10 + 4 = 14$	$10 + 3 = 13$	$10 + 6 = 16$

④ Rechne auf deinem Weg. Löse die Geheimschrift.

$6 + 8 = 14$ [Z] — $7 + 5 = 12$ [T]
$14 + 4 = 18$ [A] — $4 + 12 = 16$ [R]
$7 + 6 = 13$ [U] — $8 + 7 = 15$ [I]
$13 + 6 = 19$ [B] — $9 + 8 = 17$ [C]
$5 + 6 = 11$ [E] — $4 + 5 = 9$ [K]
$7 + 9 = 16$ [R]

9 = K	15 = I
10 = W	16 = R
11 = E	17 = C
12 = T	18 = A
13 = U	19 = B
14 = Z	20 = D

61

① Rechne mit einem Zwischenstopp bei 10.

$13 - 8 = 5$ (3, 5)
$12 - 7 = 5$ (2, 5)
$15 - 6 = 9$ (5, 1)
$17 - 8 = 9$ (7, 1)

$15 - 9 = 6$ (5, 4)
$14 - 8 = 6$ (4, 4)
$16 - 7 = 9$ (6, 1)
$12 - 5 = 7$ (2, 3)

② Die Hälfte kann dir helfen. Finde jeweils zwei Aufgaben.

$16 - 8 = 8$	$14 - 7 = 7$	$18 - 9 = 9$	$12 - 6 = 6$
$17 - 8 = 9$	$15 - 7 = 8$	$19 - 9 = 10$	$13 - 6 = 7$
$15 - 8 = 7$	$13 - 7 = 6$	$17 - 9 = 8$	$11 - 6 = 5$

③ Nahe an der 10

$13 - 9 = 4$	$15 - 9 = 6$	$14 - 9 = 5$	$18 - 9 = 9$
$13 - 10 = 3$	$15 - 10 = 5$	$14 - 10 = 4$	$18 - 10 = 8$
$16 - 9 = 7$	$12 - 9 = 3$	$17 - 9 = 8$	$11 - 9 = 2$
$16 - 10 = 6$	$12 - 10 = 2$	$17 - 10 = 7$	$11 - 10 = 1$

④ Rechne auf deinem Weg. Löse die Geheimschrift.

$16 - 9 = 7$ [R] — $12 - 9 = 3$ [T]
$14 - 8 = 6$ [E] — $13 - 6 = 7$ [R]
$13 - 4 = 9$ [C] — $16 - 12 = 4$ [I]
$17 - 9 = 8$ [H] — $15 - 6 = 9$ [C]
$12 - 6 = 6$ [E] — $11 - 9 = 2$ [K]
$15 - 10 = 5$ [N]

0 = Z	6 = E
1 = D	7 = R
2 = K	8 = H
3 = T	9 = C
4 = I	10 = A
5 = N	11 = M

62

Rechentricks:

Die Hälfte hilft. Das Doppelte hilft.	Nahe an der 10	Zwischenstopp bei 10
■	■	■

① Wie rechnest du? Färbe wie oben: ●, ● oder ●.

z.B.

$7 + 8 = 15$	$16 - 9 = 7$	$6 + 8 = 14$
$7 + 7 = 14$	$16 - 10 = 6$	$6 + 4 + 4 = 14$

$6 + 9 = 15$	$12 - 7 = 5$	$13 - 6 = 7$
$6 + 10 = 16$	$12 - 2 - 5 = 5$	$12 - 6 = 6$

$8 + 3 = 11$	$13 - 5 = 8$	$9 + 8 = 17$
$8 + 2 + 1 = 11$	$13 - 3 - 2 = 8$	$9 + 9 = 18$

$9 + 5 = 14$	$14 - 9 = 5$	$15 - 7 = 8$
$10 + 5 = 15$	$14 - 10 = 4$	$14 - 7 = 7$

Wie hat dein Partner gerechnet? Haben alle in der Klasse gleich gerechnet?

② Färbe wie in Aufgabe ① und rechne im Kopf auf deinem Weg.

z.B.
$17 - 9 = 8$ — $15 - 8 = 7$ — $5 + 7 = 12$
$4 + 8 = 12$ — $5 + 6 = 11$ — $11 - 6 = 5$
$14 - 5 = 9$ — $12 - 8 = 4$ — $13 - 9 = 4$
$9 + 4 = 13$ — $7 + 9 = 16$ — $7 + 6 = 13$

4, 4, 5, 7, 8, 9, 11, 12, 12, 13, 13, 16

63

Spannendes am Geobrett

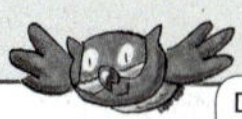

SB S. 90/91

Du darfst auch mehrere Gummibänder verwenden.

① Spanne und zeichne:

ein hohes Haus | einen langen Pfeil | die Zahl 4

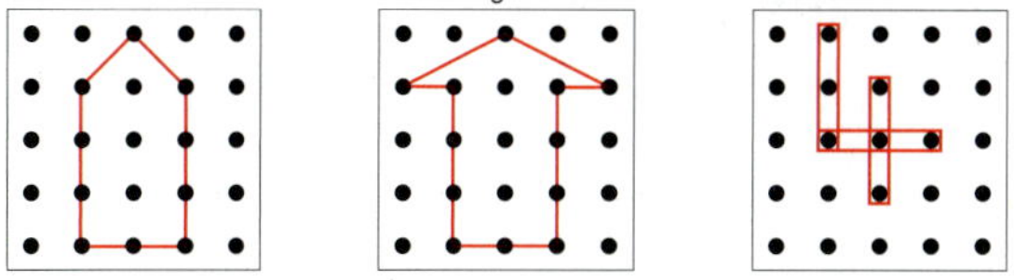

② Spanne und zeichne Quadrate:

das größte | ein kleines | eines in der Mitte

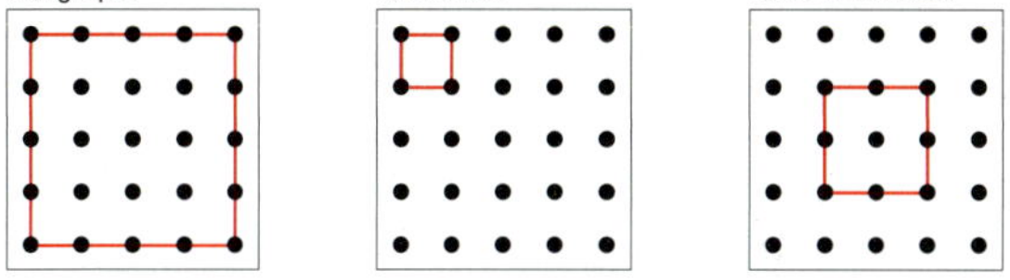

③ Spanne und zeichne Dreiecke: z. B.

ein großes | ein kleines | 2 gleich große

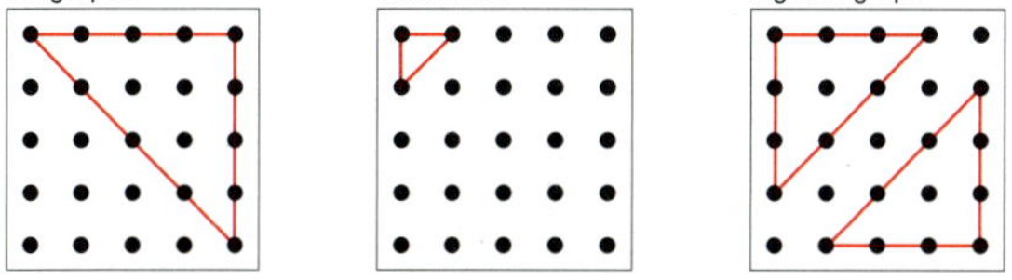

④ Ziehe das Gummiband immer um einen Nagel nach oben. Zeichne.

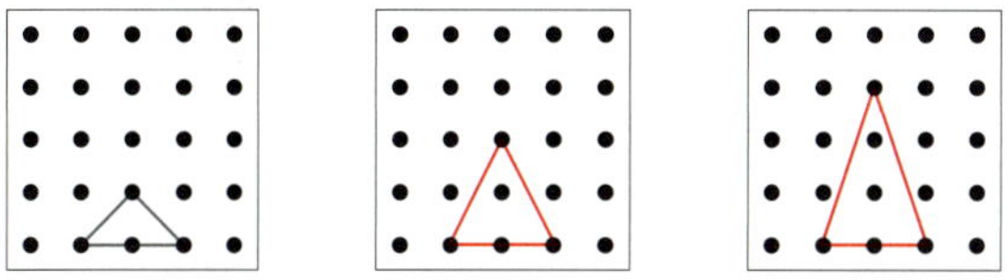

2. Figur | 3. Figur

Wahrscheinlich – unmöglich

SB S. 92/93

① Bim möchte eine blaue Kugel ziehen. Welche Kugeln könnten jeweils im Beutel sein? Male an. Verwende nur blau und rot.

sicher | unmöglich | möglich

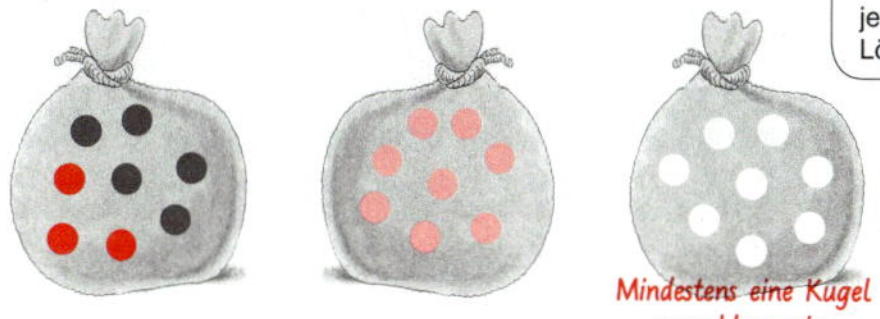

Bei welchen Säcken gibt es jeweils nur eine Lösung?

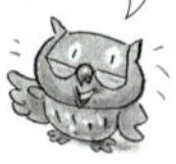

Mindestens eine Kugel muss blau sein.

② Simsala will eine Kugel ziehen. Was könnte passieren? Kreuze an.

Vergleicht eure Ergebnisse bei Aufgabe 2, 3 und 4 in der Klasse.

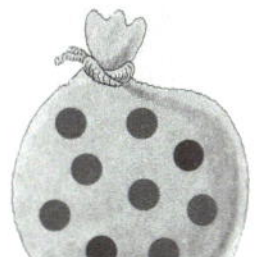

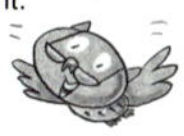

- [ ] Es ist unmöglich, dass sie eine blaue Kugel zieht.
- [x] Es ist möglich, dass sie eine blaue Kugel zieht.
- [ ] Es ist sicher, dass sie eine rote Kugel zieht.
- [x] Es ist eher wahrscheinlich, dass sie eine rote Kugel zieht.

③ Bim will eine Kugel ziehen. Was könnte passieren?

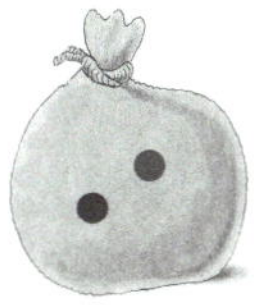

- [ ] Es ist sicher, dass er eine rote Kugel zieht.
- [ ] Es ist sicher, dass er eine blaue Kugel zieht.
- [ ] Es ist unmöglich, dass er eine blaue Kugel zieht.
- [x] Es ist möglich, dass er eine blaue Kugel zieht.

④ Eulalia will eine Kugel ziehen. Was könnte passieren?

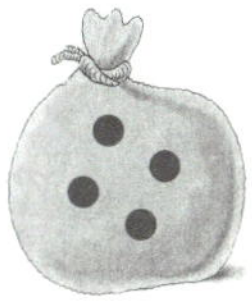

- [x] Es ist sicher, dass sie eine rote Kugel zieht.
- [ ] Es ist unmöglich, dass sie eine rote Kugel zieht.
- [ ] Es ist sicher, dass sie eine blaue Kugel zieht.
- [ ] Es ist eher unwahrscheinlich, dass sie eine blaue Kugel zieht.

Plus oder minus?

SB S. 94/95

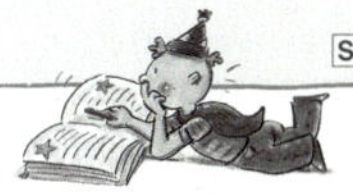

① Male zuerst. Schreibe dann die Rechnungen und Antworten dazu.

Jule hat 13 Murmeln. Leon legt noch 5 dazu.

Maximilian hat 17 Aufkleber gesammelt. Auf dem Heimweg verliert er 4 Aufkleber.

Rechnung: 13 + 5 = 18

Antwort: Jule hat jetzt 18 Murmeln.

Rechnung: 17 – 4 = 13

Antwort: Maximilian hat nur noch 13 Aufkleber.

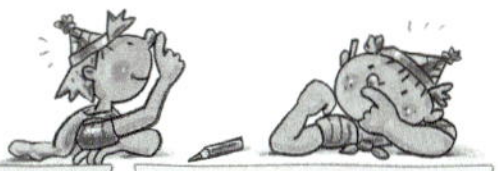

② Finde die passenden Rechnungen.

Michael legt 12 blaue Steine auf den Teppich. Leon nimmt 3 Steine weg.	Corinna hat 12 Stofftiere. Beim Losen gewinnt sie noch 3 Tiere dazu.	Susi hat auf ihrer Kette schon 13 Perlen. 6 Perlen kommen noch dazu.
12 – 3 = 9	12 + 3 = 15	13 + 6 = 19
Uli und Eva brauchen 15 Bilder. 7 Bilder haben sie schon fertig.	Anika hat 8 Ballons. Monika hat 5. Wie viele Ballons hat Anika mehr?	Paul hat 15 Muscheln. Er verschenkt 3 Muscheln.
z. B. 7 + 8 = 15 z. B. 15 – 7 = 8	z. B. 8 – 5 = 3 z. B. 5 + 3 = 8	15 – 3 = 12

Grundwissen ④

SB S. 96/97

❶ Rechne mit einem Zwischenstopp bei 10.

a)

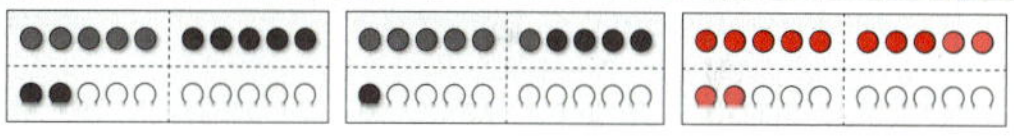

5 + 7 = 12 (5, 2)   6 + 5 = 11 (4, 1)   8 + 4 = 12 (2, 2)

b)

2 + 9 = 11 (8, 1)   4 + 8 = 12 (6, 2)   7 + 9 = 16 (3, 6)

c)

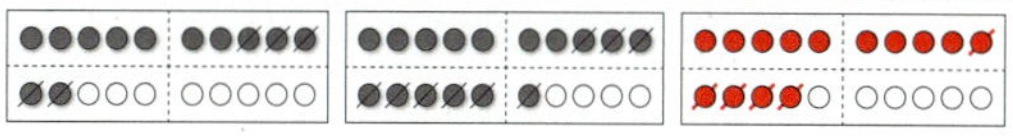

12 – 5 = 7 (2, 3)   16 – 9 = 7 (6, 3)   14 – 5 = 9 (4, 1)

d)

15 – 8 = 7 (5, 3)   13 – 6 = 7 (3, 3)   17 – 8 = 9 (7, 1)

❷ Welche Rechnung passt? Kreuze an X.

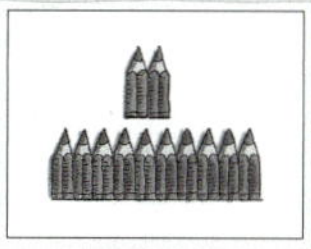

- [x] 2 + 10 = 12
- [ ] 12 – 10 = 2

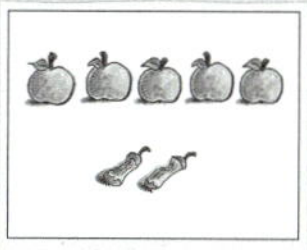

- [ ] 7 + 2 = 9
- [x] 7 – 2 = 5

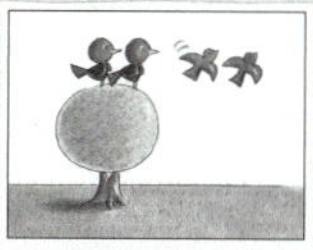

- [ ] 2 + 4 = 6
- [x] 4 – 2 = 2

Bist du fit? ④

1 Schreibe die Aufgabe und rechne.

7 + 6 = 13

4 + 9 = 13

7 + 7 = 14

11 − 2 = 9

13 − 6 = 7

15 − 9 = 6

2 Rechne. Welche Rechentricks helfen dir?

Manchmal braucht man auch gar keinen Trick.

2 + 9 = 11	4 + 15 = 19	4 + 7 = 11	
7 + 6 = 13	8 + 7 = 15	8 + 4 = 12	
13 − 9 = 4	14 − 9 = 5	12 − 6 = 6	14 − 8 = 6
15 − 7 = 8	13 − 7 = 6	17 − 8 = 9	16 − 8 = 8

Wie hat dein Partner gerechnet? Vergleicht. Haben alle in der Klasse gleich gerechnet?

3 Plus (+) oder minus (−)? Schreibe die Rechnung auf.

3 (+) 2 = 5

2 € (+) 9 € = 11 €

5 (+) 1 = 6

Wege zum Piratenschatz ①

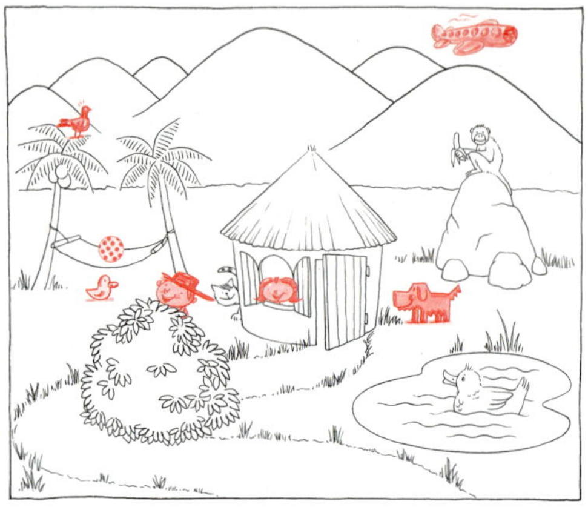

① Male …

… einen Buben hinter den ….

… einen Ball auf die ….

… ein Mädchen in das ….

… einen Hund rechts neben die ….

… einen Vogel auf die ….

… ein Flugzeug über die ….

… eine Ente unter die ….

Verstecke dich selbst im Bild.

② Wo ist was? Ergänze. im | auf | hinter | zwischen

Der Affe ist auf dem ….

Die Hängematte ist zwischen den ….

Die Katze ist hinter der ….

Die Ente ist im ….

Vergleicht eure Bilder in der Klasse.

③ Wo könnte ein Schatz versteckt sein? ______

Wege zum Piratenschatz ②

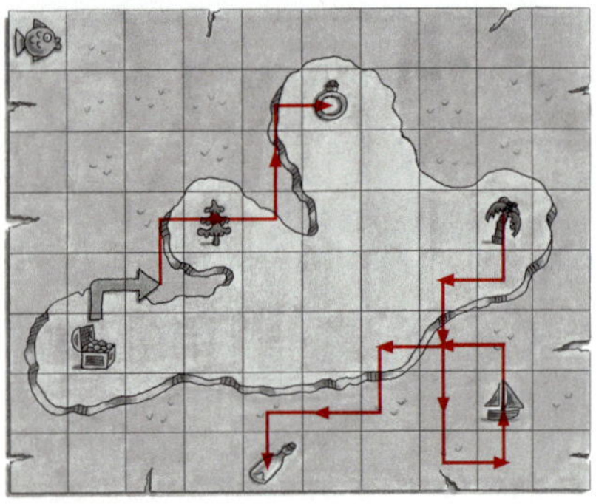

① Wo kommst du an? Zeichne den Weg und male das Ziel.

Start … Ziel

Start … Ziel

Start … Ziel

② Welcher Weg ist der richtige? Kreuze die Tanne an ☒.

Start … Ziel

Start … Ziel

③ Wo ist der Start? Zeichne ein.

Start … Ziel

Start … Ziel

Unser Geld: Euro (€) ①

Das sind 15 Euro.

① Wie viel Geld ist es? Trage ein.

8 € | 8 € | 9 € | 10 €

11 € | 10 € | 5 € | 15 €

② Male die Geldbeträge.

7 € | 5 € | z. B. 9 € | z. B. 14 €

z. B. 6 € | z. B. 13 € | z. B. 18 € | z. B. 12 €

Denke dir selbst Geldbeträge aus. Male sie in dein Heft.

③ Immer 3 Münzen sind in einem Geldbeutel. Wie viel Geld kann es sein? Vergleiche mit deinem Partner.

6 € | 5 € | 4 € | 3 €

① Vergleiche mit >, <, =.

$6 € > 5 €$ $9 < 10$

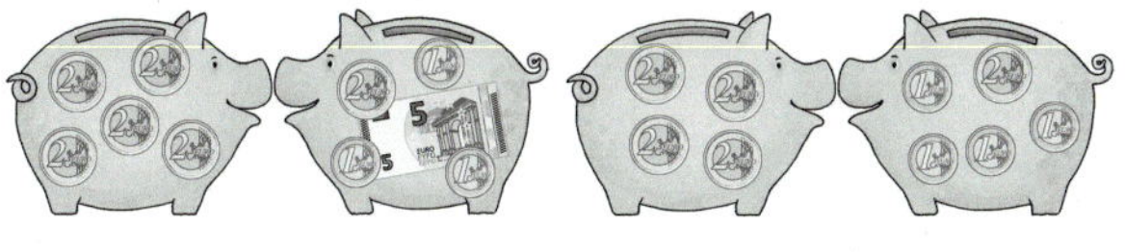

$10 = 10$ $8 > 6$

② In einem Sack sind immer 10 €.

Überlege zuerst. Du kannst auch Geld zu Hilfe nehmen.

| 5 | 2 | | 2 | 2 | | 2 | 1 | 1 | 1 |
| 2 | 1 | | 2 | 2 | | 2 | 1 | 1 | 1 |

③ In einem Sack sind immer 9 €.

| 2 | 2 | | 5 | 1 | | 2 | 1 |
| 2 | 1 | | 2 | 1 | | 2 | 1 |

72

△ 6 €   △ 3 €   △ 4 €   △ 2 €

① Wie viel musst du bezahlen? Schätze zuerst. Überprüfe dann durch Nachrechnen.

| $6 € + 2 € = 8 €$ | $4 + 3 = 7$ | $6 + 4 = 10$ |
| $2 € + 3 € = 5 €$ | $4 + 2 + 2 = 8$ | $6 + 3 = 9$ |

② Wie kannst du bezahlen? Male.

Überlege: Welche Münzen und Scheine gibt es?

| 6 € | 5   1 | 4 € | z. B.   2   2 |
| 3 € | z. B.   2   1 | 5 € | z. B.   5 |

③ Wie viel bekommst du zurück?

	Ich gebe:	Ich bekomme zurück:
$6 € + 3 € = 9 €$	10	$10 € - 9 € = 1 €$
$4 € + 2 € = 6 €$	10	$10 € - 6 € = 4 €$
$2 € + 2 € + 3 € = 7 €$	10	$10 € - 7 € = 3 €$

73

Das sind 15 Cent.

① Wie viel Geld ist es? Trage ein.

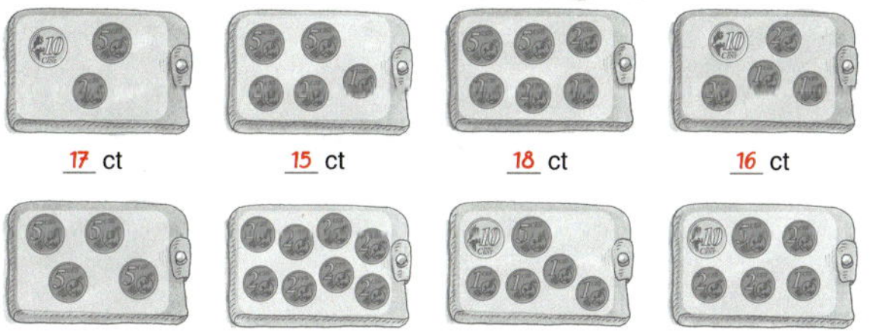

17 ct   15 ct   18 ct   16 ct

20 ct   16 ct   19 ct   22 ct

② Male die Geldbeträge.

| 10   5 | z. B. 5   1   2 | z. B. 10   5   2   2 | z. B. 10   2 |
| 15 ct | 8 ct | 19 ct | 12 ct |

| z. B. 10   10 | z. B. 10   2   1 | z. B. 2   1 | z. B. 10   10   5 |
| 20 ct | 13 ct | 3 ct | 25 ct |

Denke dir selbst Geldbeträge aus. Male sie in dein 📖.

③ Welche Münzen fehlen? Ergänze sie.

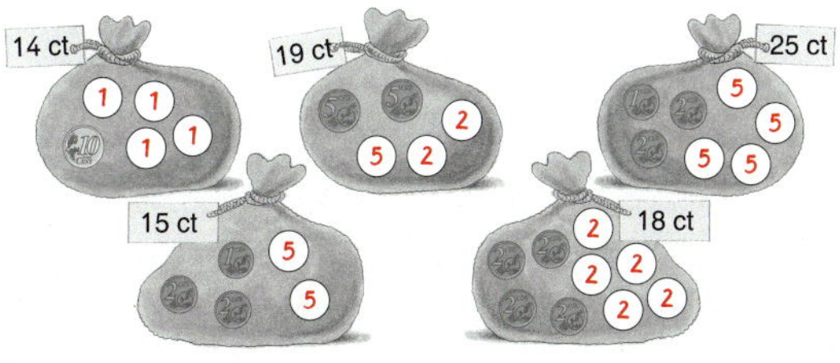

14 ct   1 1 1 10 1   19 ct   2 2 2   25 ct   5 5 5 5 5

15 ct   5 5   18 ct   2 2 2 2 2

74

---

① Springe vorwärts und rückwärts. Schreibe die passenden Rechnungen auf.

a) +3: 12 → 15

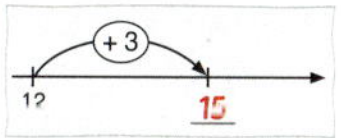

$12 + 3 = 15$

b) −3: 11 ← 14

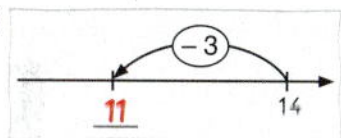

$14 - 3 = 11$

−4: 16 ... 20

$20 - 4 = 16$

+5: 8 ... 13

$8 + 5 = 13$

+6: 12 → 18

$12 + 6 = 18$

−4: 6 ← 10

$10 - 4 = 6$

② Springen und umkehren:
Schreibe Aufgabe und Umkehraufgabe auf.

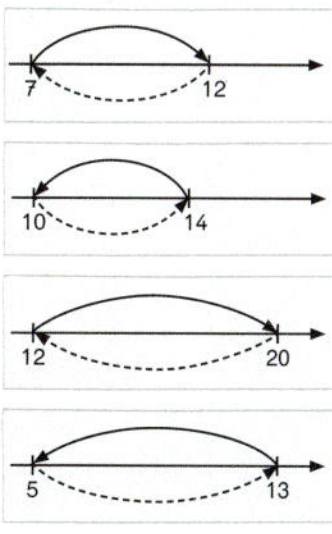

Sprung	Aufgabe	Umkehraufgabe
7 ... 12	$7 + 5 = 12$	$12 - 5 = 7$
10 ... 14	$14 - 4 = 10$	$10 + 4 = 14$
12 ... 20	$12 + 8 = 20$	$20 - 8 = 12$
5 ... 13	$13 - 8 = 5$	$5 + 8 = 13$

③ Finde die Startzahl.

| $7 + 3 = 10$ | $5 + 6 = 11$ | $13 - 4 = 9$ | $10 - 2 = 8$ |
| $10 - 3 = 7$ | $11 - 6 = 5$ | $9 + 4 = 13$ | $8 + 2 = 10$ |

75

① Wie viele Murmeln waren zu Beginn im Sack?
Schreibe die Rechnungen auf.

Wie lautet jeweils die Antwort?

a)

Ich habe einige Murmeln im Sack. Ich gebe 10 Murmeln dazu. Jetzt habe ich 19 Murmeln.

Ich habe einige Murmeln im Sack. Ich nehme 5 Murmeln heraus. Jetzt habe ich 15 Murmeln.

Ich habe einige Murmeln im Sack. Ich nehme 7 Murmeln heraus. Jetzt habe ich 12 Murmeln.

R: _9_ + 10 = 19   R: _20_ − 5 = 15   R: _19_ − 7 = 12

b)

Ich habe einige Murmeln im Sack. Ich nehme 3 weg. Jetzt habe ich 16.

Ich habe einige Murmeln im Sack. Ich gebe 8 dazu. Nun habe ich 11.

R: _19_ − 3 = 16   R: _3_ + 8 = 11

c)

Ich habe einige Murmeln im Sack. Ich gebe 9 dazu. Nun habe ich 20.

Ich habe einige Murmeln im Sack. Ich nehme 11 heraus. Nun habe ich 5.

R: _11_ + 9 = 20   R: _16_ − 11 = 5

d)

Anna bekommt 5 Murmeln von Susi und 6 Murmeln von Lisa. Jetzt hat sie 20.

Franz bekommt 6 Murmeln von Andreas. 3 Murmeln verschenkt er. Jetzt hat er 14.

R: _9_ + 5 + 6 = 20   R: _11_ + 6 − 3 = 14

Überprüfe alle Aufgaben von ① durch Nachrechnen.

② Rechne.

_13_ + 4 = 17   _20_ − 7 = 13   _5_ + 7 = 12   _18_ − 6 = 12
_2_ + 9 = 11   _17_ − 5 = 12   _16_ − 8 = 8   _6_ + 6 = 12
_11_ + 8 = 19   _15_ − 6 = 9   _5_ + 9 = 14   _12_ − 6 = 6

① Was ist passiert? Erzähle und schreibe eine passende Rechnung auf.

a)

Es sind 19 Murmeln im Sack. ★Simsalabim★. Nun sind es 3.

Es sind 15 Murmeln im Sack. ★Simsalabim★. Nun sind es 7.

R: _19_ − _16_ = 3   R: _15_ − _8_ = 7

b)

Es sind 17 Murmeln im Sack. ★Simsalabim★. Nun sind es 8.

Es sind 14 Murmeln im Sack. ★Simsalabim★. Nun sind es 19.

R: _17 − 9_ = 8   R: _14 + 5_ = 19

② Löse die Rätsel.

a)

Ich habe einige Murmeln im Sack. Ich gebe 4 dazu. Nun habe ich 11. Wie viele waren es am Anfang?

Es sind 14 Murmeln im Sack. ★Simsalabim★. Nun sind es 5. Was ist passiert?

R: _7 + 4_ = 11   R: _14 − 9_ = 5

b)

Es sind 9 Murmeln im Sack. ★Simsalabim★. Nun sind es 19. Was ist passiert?

Ich habe einige Murmeln im Sack. Ich nehme 3 weg. Jetzt habe ich 4. Wie viele waren es am Anfang?

R: _9 + 10_ = 19   R: _7_ − 3 = 4

③ Rechne. Denke dabei an die Geschichten mit dem Murmelsack.

a)
_5_ + 3 = 8
_7_ + 5 = 12
17 − _8_ = 9
_20_ − 9 = 11
4 + 8 = _12_

b)
18 − 3 = _15_
_18_ − 12 = 6
17 + _3_ = 20
20 − _17_ = 3
_7_ + 7 = 14

c)
3 + _8_ = 11
_21_ − 2 = 19
_10_ + 5 = 15
_13_ + 4 = 17
13 − _5_ = 8

① Trage beide Uhrzeiten ein.

_17.00_ Uhr   _12.00_ Uhr   _16.00_ Uhr   _13.00_ Uhr   _6.00_ Uhr
_5.00_ Uhr   _0.00_ Uhr   _4.00_ Uhr   _1.00_ Uhr   _18.00_ Uhr

_9.00_ Uhr   _15.00_ Uhr   _10.00_ Uhr   _14.00_ Uhr   _11.00_ Uhr
_21.00_ Uhr   _3.00_ Uhr   _22.00_ Uhr   _2.00_ Uhr   _23.00_ Uhr

② Trage die Zeiger in die Uhren ein.

9.00 Uhr   13.00 Uhr   18.00 Uhr   10.00 Uhr   20.00 Uhr

16.00 Uhr   3.00 Uhr   17.00 Uhr   12.00 Uhr   23.00 Uhr

6.00 Uhr   19.00 Uhr   8.00 Uhr   11.00 Uhr   2.00 Uhr

① Kreuze die gesuchte Uhrzeit an. ☒

a) In drei Stunden fängt das Theater an. Schulfest

Das Theater beginnt um …
☐ 15.00 Uhr.
☒ 16.00 Uhr.
☐ 17.00 Uhr.

b) Wir sind schon seit zwei Stunden unterwegs.

Die Kinder starteten um …
☐ 10.00 Uhr.
☒ 9.00 Uhr.
☐ 8.00 Uhr.

c) In vier Stunden landet das Flugzeug.

Das Flugzeug landet um …
☒ 20.00 Uhr.
☐ 21.00 Uhr.
☐ 22.00 Uhr.

d) Wir sind schon zwei Stunden auf dem Spielplatz.

Die Kinder kamen um …
☐ 12.00 Uhr.
☒ 13.00 Uhr.
☐ 14.00 Uhr.

e) In drei Stunden beginnt die Geburtstagsfeier.

Die Feier beginnt um …
☐ 14.00 Uhr.
☒ 15.00 Uhr.
☐ 16.00 Uhr.

② Was dauert länger? Kreuze an. ☒

Sprecht in der Klasse über eure Ergebnisse.

a) ☒ Schulvormittag
   ☐ Spülmaschine ausräumen

b) ☐ Schulpause
   ☒ Kinofilm

c) ☒ Fußballspiel
   ☐ Zähneputzen

d) ☐ Schulweg
   ☒ in den Urlaub fahren

e) ☐ Kanarienvogel füttern
   ☒ eine Unterrichtsstunde

f) ☐ Schuhe anziehen
   ☒ Frühstücken

Zahlenzauber 1 – Arbeitsheft © 2014 Oldenbourg Schulbuchverlag GmbH, München

① Ein Haus – viele Möglichkeiten
Du hast diese Dreiecke … und diese Quadrate …

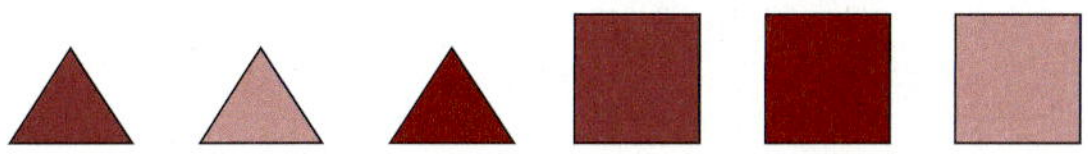

Wie viele verschiedene Häuser kannst du damit legen? Vermute: _____

Male an.

Bleiben Häuser übrig?

② Stefan hat 3 kurze Hosen und 4 T-Shirts.

① ② ③ ④ ⑤ ⑥ ⑦

Welche verschiedenen Kombinationen kann er anziehen? Male an.

④/① ⑤/① ⑥/① ⑦/① ④/② ⑤/②

⑥/② ⑦/② ④/③ ⑤/③ ⑥/③ ⑦/③

80

82

① Trage die fehlenden Zahlen ein.

3 4 7 11 18   2 4 6 10 16

2 5 7 12 19   5 2 7 9 16

② Knobelelefanten

4 4 8 12 20   2 3 5 8 13

7 2 9 11 20   1 4 7 9 14

⭐ ③ Immer 18: Wie viele Lösungen findest du?

0 9 9 18   10 4 14 18
2 8 10 18   12 3 15 18
4 7 11 18   14 2 16 18
6 6 18   16 1 17 18
8 5 13 18   18 0 18 18

👥 Vergleiche mit deinem Partner. Vergleicht in der Klasse.

83

① Ergänze die Rechendreiecke.

16 | 7 | 10 | 9 3 | 12
12 | 7 | 19 | 5 12 | 17
17 | 0 | 15 | 8 6 | 14
11 | 5 | 12 | 6 7 | 13

② Ergänze die Rechendreiecke.

7 | 3 | 19 | 4 16 | 20
15 | 12 | 21 | 3 9 | 12
10 | 4 | 9 | 6 5 | 11
11 | 3 | 9 | 8 6 | 14

③ Ergänze die Rechendreiecke.

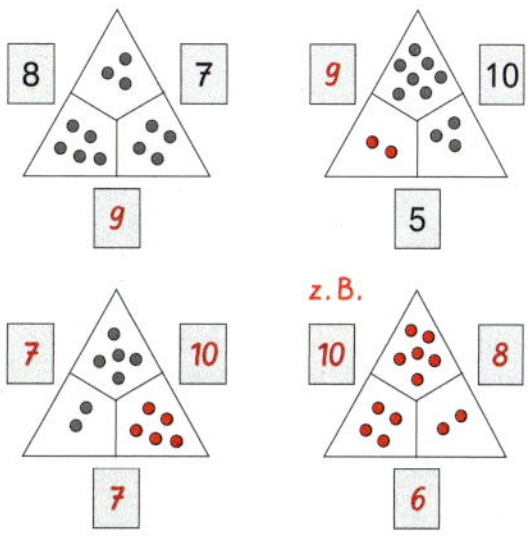

19 | 11 | 15 | 8 4 | 12
15 | 8 | 14 | 7 6 | 13
13 | 10 | 19 | 3 9 | 12
7 | 6 | 15 | 1 9 | 10

④ Es sind immer 12 Plättchen in einem Dreieck. ⭐ ⑤ Knobeldreieck

8 | 7 | 9   9 | 10 | 5

7 | 10   z. B. 10 | 8   6 | 4 | 5
7   6   2 1
                        3

84

① Baue die Mathener fertig.

- 9 | 6, 3
- 7 | 5, 2
- 15 | 7, 8
- 13 | 4, 9

② Diese Figuren wollen Mathener werden.

- 16 | 8, **8**
- 14 | 5, **9**
- 11 | 4, **7**
- 12 | **4**, 8

③ Mathener-Zwillinge gesucht.

a) 13 | 6, **7** — 13 | 5, **8**

b) 17 | 11, **6** — 17 | 4, **13**

c) 16 | 10, 6 — 16 | 7, **9**

d) 18 | 9, 9 — 18 | 6, **12**

④ Ufos der Mathener

Erfinde weitere Ufos in deinem 📖.

- 5 / 1, 3 / 2, …
- 11 / 3, 5 / **6**, 8
- 16 / 7, **13** / 3, **9**
- 20 / 13, 9 / **11**, **7**
- 19 / …, **13** / …, 6

Hier gibt es viele Lösungen.

85

---

① Verdopple. / Halbiere.

Verdopple.

4	8	3	9	2	10	5	6
8	16	6	18	4	20	10	12

Halbiere.

12	18	10	20	14	8	16	6
6	9	5	10	7	4	8	3

② Zerlege.

Du kannst auch weitere Häuser in dein 📖 schreiben oder diese Häuser im 📖 verlängern.

10		12		16		18	
6	**4**	10	**2**	8	**8**	9	**9**
7	3	**3**	9	**7**	9	**6**	12
9	**1**	7	**5**	14	**2**	11	**7**
8	2	**4**	8	**6**	10	**13**	5
5	**5**	6	**6**	3	**13**	15	**3**

③ Kleine und große Aufgaben

6 + 3 = **9**	5 + 4 = **9**	7 + 2 = **9**	3 + 7 = **10**
16 + 3 = **19**	15 + 4 = **19**	17 + 2 = **19**	13 + 7 = **20**
9 − 7 = **2**	6 − 5 = **1**	4 − 3 = **1**	8 − 5 = **3**
19 − 7 = **12**	16 − 5 = **11**	14 − 3 = **11**	18 − 5 = **13**

④ Über den Zehner: Rechne auf deinem Weg.

9 + 6 = **15**	8 + 4 = **12**	14 − 7 = **7**	11 − 8 = **3**
7 + 8 = **15**	9 + 4 = **13**	18 − 9 = **9**	14 − 9 = **5**
6 + 8 = **14**	7 + 6 = **13**	16 − 8 = **8**	16 − 7 = **9**
8 + 5 = **13**	7 + 4 = **11**	17 − 9 = **8**	15 − 6 = **9**

86

---

① Wie viel Geld ist es? Trage ein.

17 €   **10** €

② Ergänze.

13 €   19 €

(2) (2, 5)

③

Ball 8€, Auto, Teddy 9€, Stifte 6€

a) Wie viel musst du bezahlen?

- 5 € + 8 € = **13** €
- **9** + **6** = 15
- **8** + **5** + **6** = 19

b) Wie viel bekommst du zurück?

	Ich gebe:	Ich bekomme zurück:
8 € + **6** € = **14** €	20 €	20 € − **14** € = **6** €
9 € + **5** € = **14** €	(15 €)	**15** € − **14** € = **1** €

④ Löse die Rätsel. Schreibe die Rechnung auf.

- Es sind 8 Murmeln im Sack. ★Simsalabim!★ Nun sind es 19 Murmeln. → **8** (+) **11** = **19**
- Ich habe einige Murmeln im Sack. Ich nehme 9 Murmeln heraus. Jetzt habe ich 5 Murmeln. → **14** (−) **9** = 5
- Es sind 13 Murmeln im Sack. ★Simsalabim!★ Nun sind es 4 Murmeln. → 13 (−) **9** = **4**

87

---

① Gleiche Zeichen stehen für die gleiche Zahl. Trage die fehlenden Zahlen ein.

4 + ⬡ = 🍎
4 + **7** = **11**

12 − ☁ = 8
12 − **4** = 8

5 + ☁☁ = 🔔
5 + **4** = **9**

🔔 + 7 = 🐚
9 + 7 = **16**

🔔 − 2 = 🥨
9 − 2 = **7**

🐚 − 5 = 🍎
16 − 5 = **11**

② Zahl gesucht!

Tipp: Streiche die Luftballons durch, die es nicht sein können!

~~1~~ ~~2~~ ~~3~~ ~~4~~ ~~5~~ 6 ~~7~~ ~~8~~ ~~9~~ ~~10~~

Die Zahl ist gerade.

Verdoppelst du die Zahl, ist das Ergebnis größer als 8.

Halbierst du die Zahl, liegt das Ergebnis zwischen 2 und 4.

③ Schwarzes Schaf! Welche Zahl passt nicht dazu? Kreise sie ein.

gerade Zahlen: 2, 18, **(7)**, 6, 12

Zahlen > 10: 12, 15, **(8)**, 13, 18

ungerade Zahlen: 1, 3, 7, 5, **(14)**

④ Geheimschrift: gleiches Symbol – gleiche Ziffer

⭐ + ⭐ = ✏📏
5 + **5** = **10**

❤ + ❤ = 🍬
2 + **2** = **4**

△ + △ = ❤
1 + **1** = **2**

△ + ✏ = △
1 + **0** = **1**

△ + ✏ = 🌸
10 − **4** = **6**

🌸 − 🍬 = ⭐
6 − **1** = **5**

88

Drei Zahlen – vier Aufgaben

1 Drei Zahlen – vier Aufgaben

3 5 2

3 + 2 = ___
2 + 3 = ___
5 − 3 = ___
5 − 2 = ___

2 7 9

___ + ___ = ___
___ + ___ = ___
___ − ___ = ___
___ − ___ = ___

1 10 9

___ + ___ = ___
___ + ___ = ___
___ − ___ = ___
___ − ___ = ___

3 7 10

___ ◯ ___ = ___
___ ◯ ___ = ___
___ ◯ ___ = ___
___ ◯ ___ = ___

9 5 4

___ ◯ ___ = ___
___ ◯ ___ = ___
___ ◯ ___ = ___
___ ◯ ___ = ___

5 3 8

___ ◯ ___ = ___
___ ◯ ___ = ___
___ ◯ ___ = ___
___ ◯ ___ = ___

2 Welche Karte fehlt? Es gibt 2 Möglichkeiten.

4 passt!

1 ? 3

2 aber auch!

Warum haben beide Recht?

Tausche dich mit deinem Partner aus.

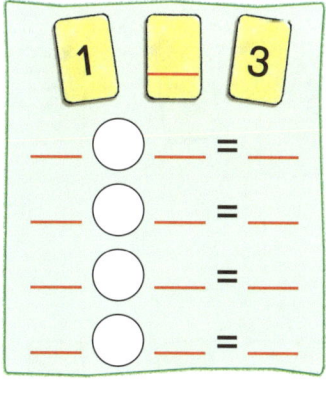

1 ___ 3

___ ◯ ___ = ___
___ ◯ ___ = ___
___ ◯ ___ = ___
___ ◯ ___ = ___

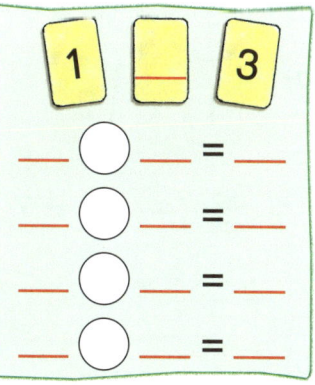

1 ___ 3

___ ◯ ___ = ___
___ ◯ ___ = ___
___ ◯ ___ = ___
___ ◯ ___ = ___

___ 2 6

___ ◯ ___ = ___
___ ◯ ___ = ___
___ ◯ ___ = ___
___ ◯ ___ = ___

___ 2 6

___ ◯ ___ = ___
___ ◯ ___ = ___
___ ◯ ___ = ___
___ ◯ ___ = ___

Rechnen mit Ziffernkarten

① Drei Karten – zwei Aufgaben:
Wähle die Karten so, dass es nur zwei Aufgaben gibt.

 8 4 ☐ $\underline{4}$ ⊕ $\underline{4}$ = $\underline{8}$ $\underline{8}$ ⊖ $\underline{4}$ = __

 ☐ 6 3 __ ◯ __ = __   __ ◯ __ = __

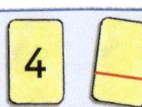 2 4 ☐   __ ◯ __ = __   __ ◯ __ = __

1 1 ☐   __ ◯ __ = __   __ ◯ __ = __

☐ ☐ 10 __ ◯ __ = __   __ ◯ __ = __

Drei Karten – zwei Aufgaben:
Finde weitere Beispiele.
Schreibe sie in dein 📖.

> Prima, die
> ersten Karten
> sind schon weg!

 ② Du hast 9 Karten. Lege 3 Aufgaben.
Verwende jede Karte nur einmal! Schreibe die Rechnung auf.

a) 1 2 $\cancel{3}$ $\cancel{4}$ 6 $\cancel{7}$ $\cancel{8}$ $\cancel{9}$ 10

$\underline{3}$ ⊕ $\underline{4}$ = 7   __ ⊕ __ = 8   __ ⊖ __ = 9

b) 1 2 $\cancel{3}$ 4 $\cancel{6}$ 7 8 $\cancel{9}$ 10

__ ◯ __ = 3   __ ◯ __ = 6   __ ◯ __ = 9

c) $\cancel{2}$ 3 $\cancel{4}$ 5 6 7 8 9 $\cancel{10}$

__ ◯ __ = 10   __ ◯ __ = 2   __ ◯ __ = 4

 Was ist passiert? Erzählt und schreibt die Rechnungen auf.

| 7 | – | 2 | = | 5 |

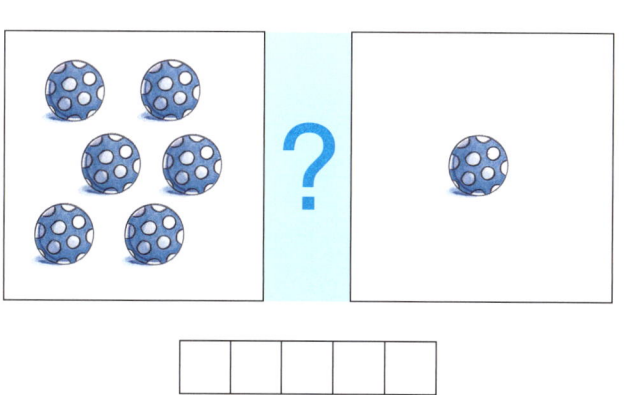

33

① Wie wird gezaubert? Schreibe auf und finde weitere Zahlenpaare.

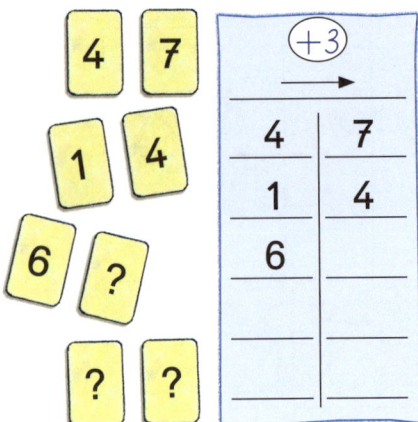

+3 →	
4	7
1	4
6	

◯ →	
10	3
7	0
8	

◯ →	
3	9
4	10
1	

② Finde Paare zu diesen Zauberregeln. Vergleiche mit deinem Partner.

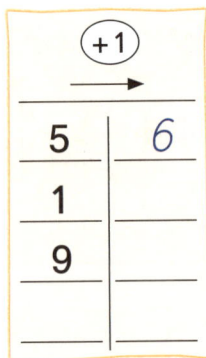

+1 →	
5	6
1	
9	

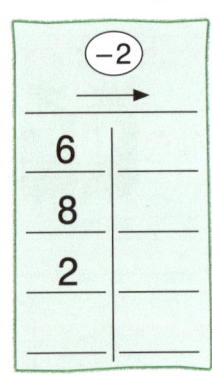

−2 →	
6	
8	
2	

+0 →	
4	
10	

−4 →	
9	
4	

③ Erste oder zweite Zahl gesucht

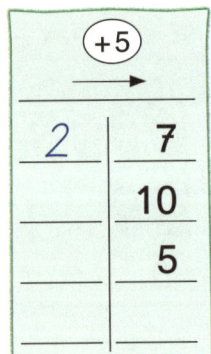

+5 →	
2	7
	10
	5

+4 →	
	7
	9
2	

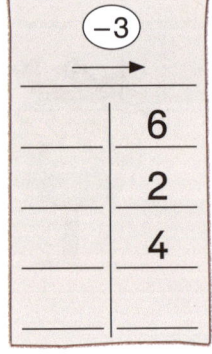

−3 →	
	6
	2
	4

−5 →	
	0
	4
10	

④ Hier sind Paare von zwei Zauberregeln durcheinander geraten. Ordne.

◯ →	

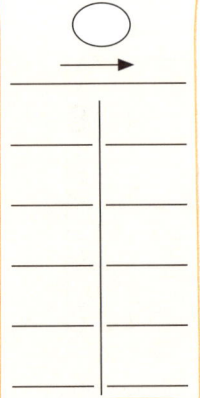

◯ →	

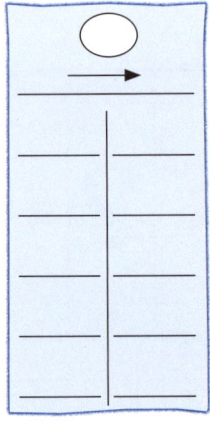

Zahlenzauber 1 · Arbeitsheft © 2016 Oldenbourg Schulbuchverlag GmbH, München

Eckig oder rund?

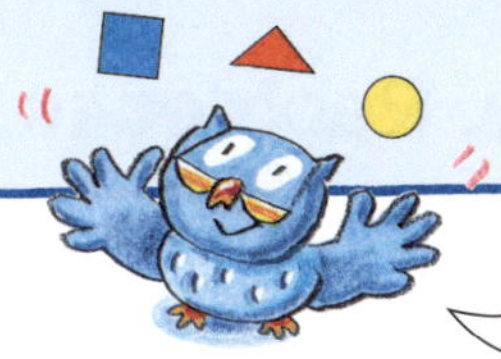

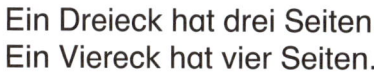

Ein Dreieck hat drei Seiten.
Ein Viereck hat vier Seiten.

Spüre nach:

Dreiecke   Vierecke   Kreise

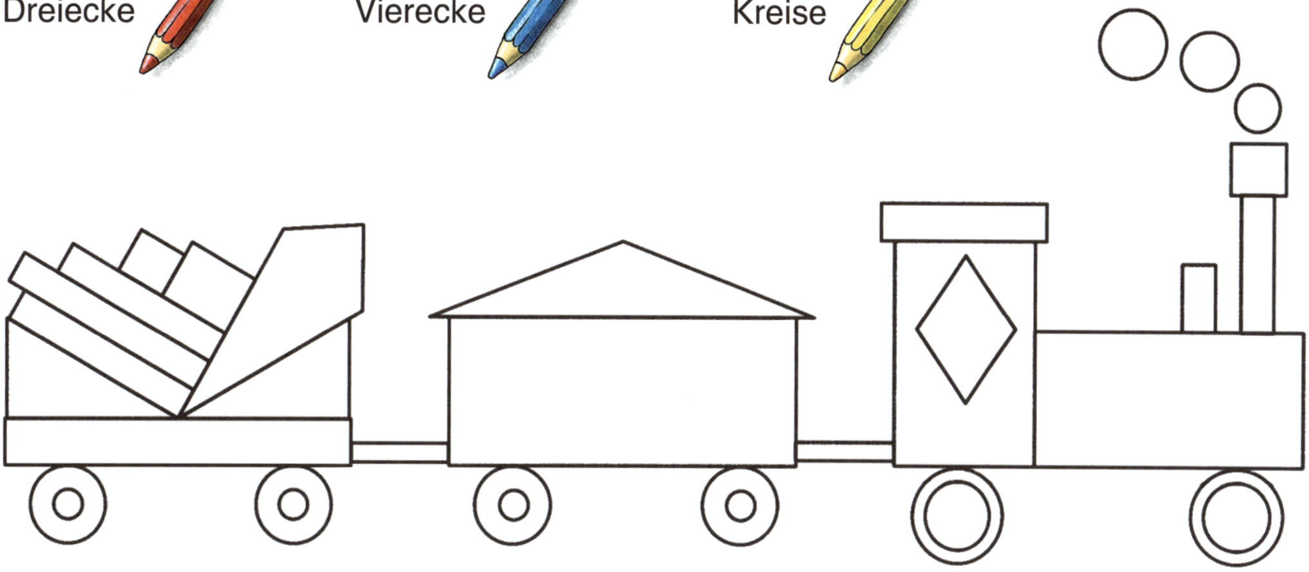

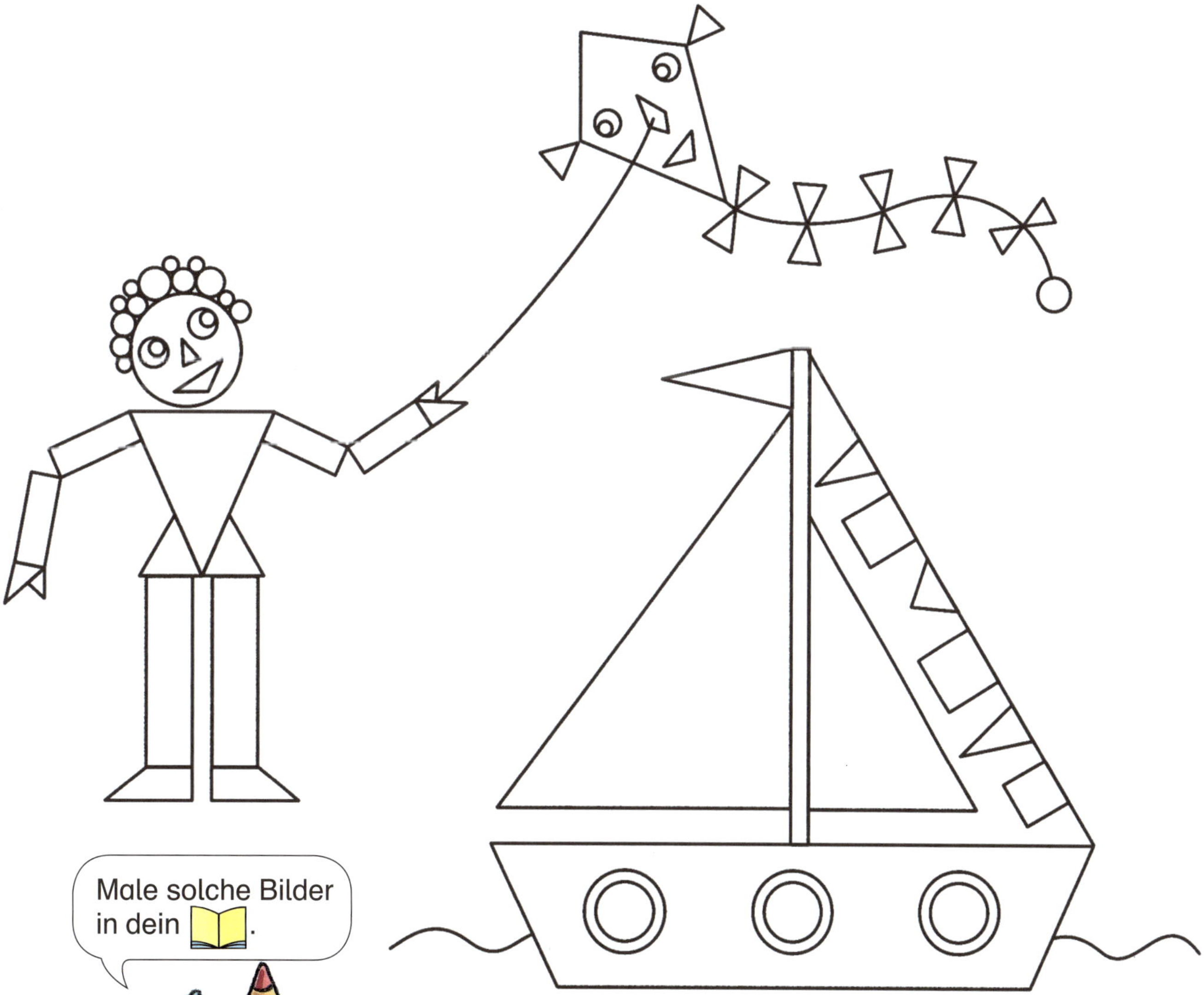

Male solche Bilder
in dein 📖.

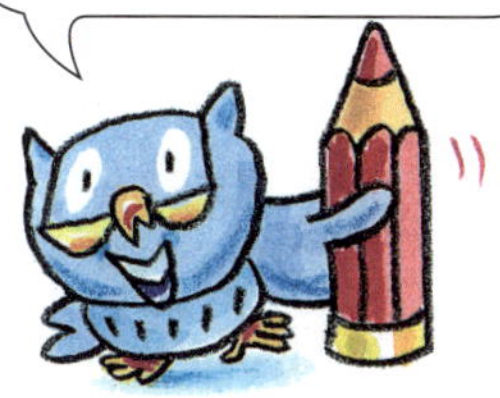

35

① Male an:

| 0 Ecken | 3 Ecken | 4 Ecken | 5 Ecken | 6 Ecken |

② Male die Rechtecke an.

Ein Rechteck hat 4 „besondere" Ecken.

③ Male die Quadrate an.

Zahlenzauber 1 – Arbeitsheft © 2014 Oldenbourg Schulbuchverlag GmbH, München

① Zähle.

② Male das Bild wie oben an. Schneide die Formen aus.
Räume das Bild auf und klebe es auf die Rückseite.

Zahlenzauber 1 – Arbeitsheft © 2014 Oldenbourg Schulbuchverlag GmbH, München

Zahlenzauber 1 – Arbeitsheft © 2014 Oldenbourg Schulbuchverlag GmbH, München

1 Immer 10: Welche Zahl fehlt? Trage ein.

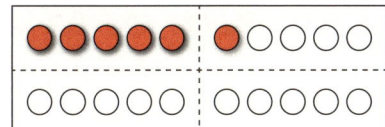

(10)

6 + __

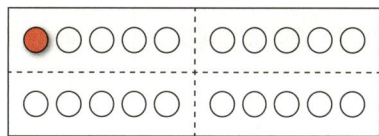

(10)

__ + __

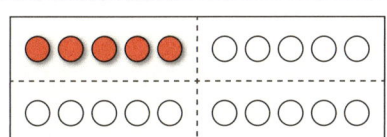

__ + __

__ + __

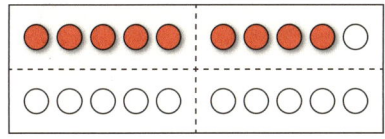

__ + __

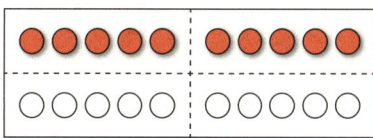

__ + __

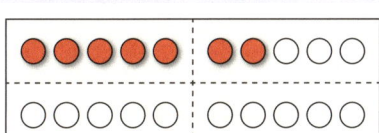

__ + __

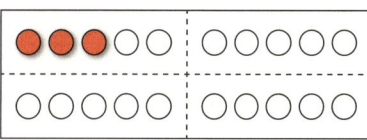

__ + __

__ + __

__ + __

2 Male und schreibe auf.

Immer 9

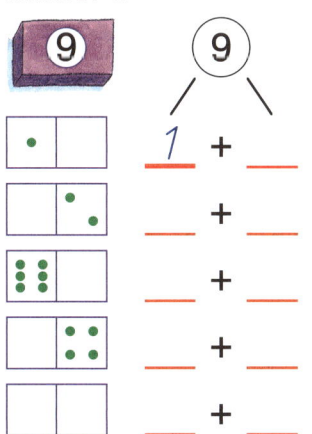

9

1 + __

__ + __

__ + __

__ + __

__ + __

Immer 8

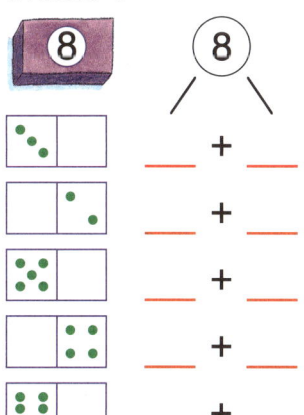

8

__ + __

__ + __

__ + __

__ + __

__ + __

Immer 7

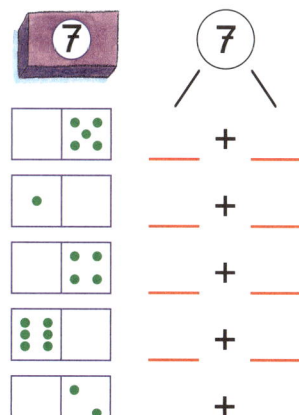

7

__ + __

__ + __

__ + __

__ + __

__ + __

3 Suche die Nachbaraufgaben der Verdopplungsaufgabe.

2 + 2 = __

2 + 1 = __

2 + 3 = __

3 + 3 = __

3 + 2 = __

3 + __ = __

4 + 4 = __

4 + 3 = __

4 + __ = __

5 + 5 = __

5 + 4 = __

5 + __ = __

1 Rechne und male.

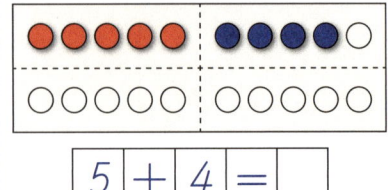

| 5 | + | 4 | = | |

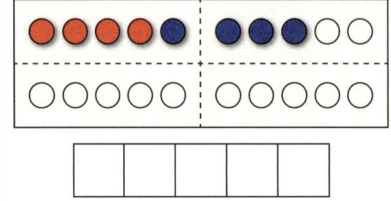

| | | | | |

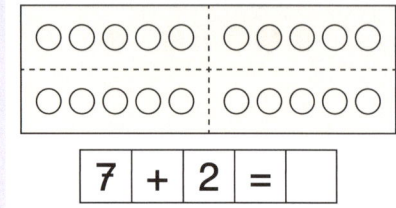

| 7 | + | 2 | = | |

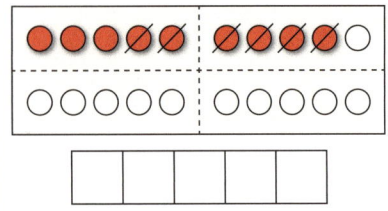

| | | | | |

| | | | | |

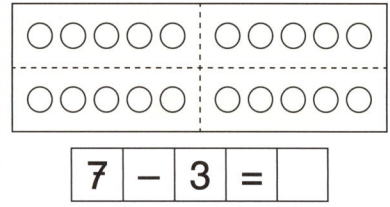

| 8 | − | 5 | = | |

| 7 | − | 3 | = | |

2 Plus oder minus? Male und schreibe die Rechnung auf.

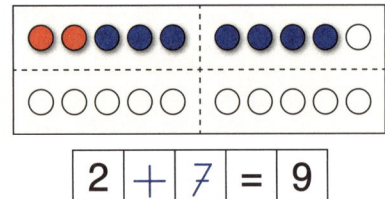

| 2 | + | 7 | = | 9 |

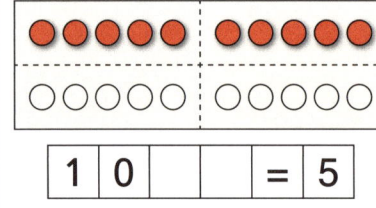

| 1 | 0 | | = | 5 |

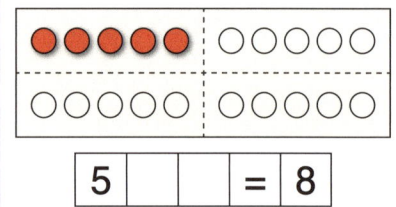

| 5 | | | = | 8 |

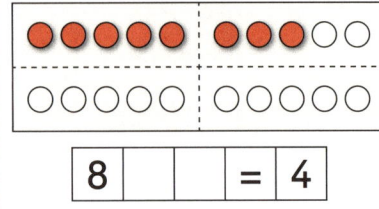

| 8 | | | = | 4 |

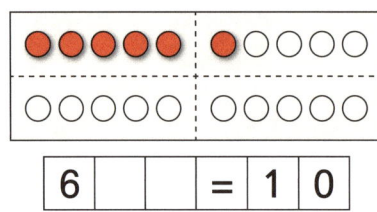

| 6 | | | = | 1 | 0 |

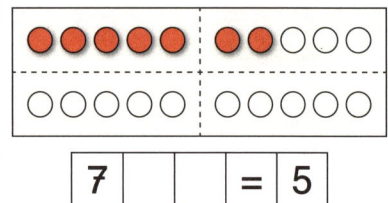

| 7 | | | = | 5 |

3 Was ist passiert? Erzählt und schreibt die Rechnungen auf.

| | | | | |

| | | | | |

Zahlenzauber 1 – Arbeitsheft © 2014 Oldenbourg Schulbuchverlag GmbH, München

1 Finde passende Rechnungen.

a)

___ + ___ = ___   ___ + ___ = ___   ___ + ___ = ___

___ − ___ = ___   ___ − ___ = ___   ___ − ___ = ___

b)

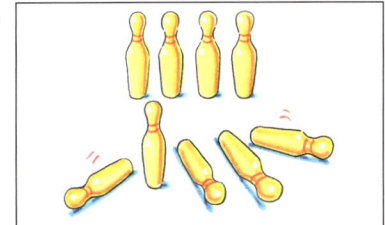  

___ + ___ = ___   ___ + ___ = ___   ___ + ___ = ___

___ − ___ = ___   ___ − ___ = ___   ___ − ___ = ___

2 Welche Bilder passen? Kreuze an .

$6 - 3 =$ ___

$5 + 2 =$ ___

$7 - 4 =$ ___

Erklärt, warum das Bild passt.

Zahlenzauber 1 – Arbeitsheft © 2014 Oldenbourg Schulbuchverlag GmbH, München

Zahlenmauern

S. 60/61

① Rechne.

a)
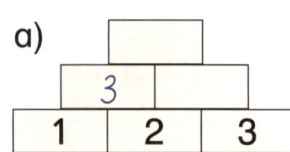   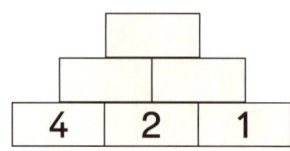   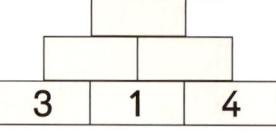   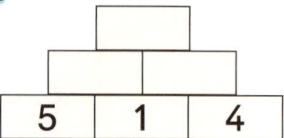

| 1 | 2 | 3 | | 4 | 2 | 1 | | 3 | 1 | 4 | | 5 | 1 | 4 |

b)
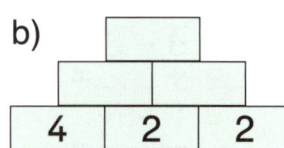   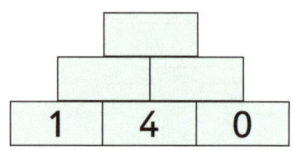   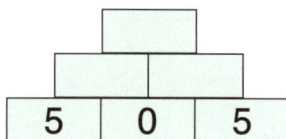   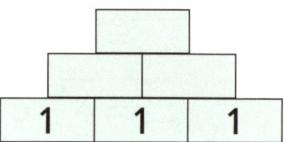

| 4 | 2 | 2 | | 1 | 4 | 0 | | 5 | 0 | 5 | | 1 | 1 | 1 |

② Baue mit diesen Grundsteinen verschiedene Mauern.

0 2 3

   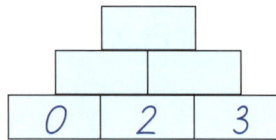   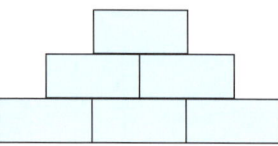   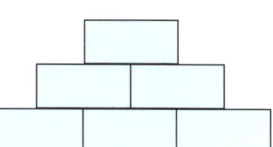

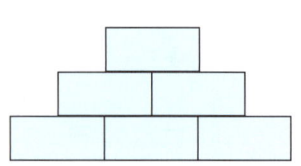   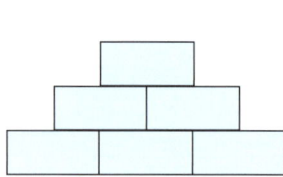   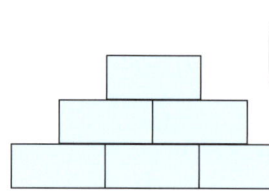

Wie gehst du geschickt vor?

③ Welche Zahlen fehlen? Trage sie ein.

a)
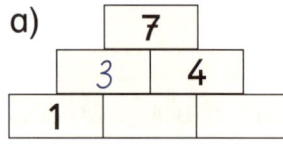   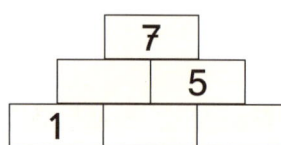

b)
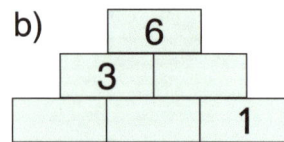

④ Zielstein 7: Vergleiche deine Ergebnisse mit deinem Partner.

⑤ Deine Zahlenmauern: Wähle die Steine selbst. Dein Partner kontrolliert.

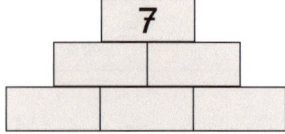      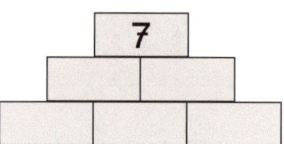   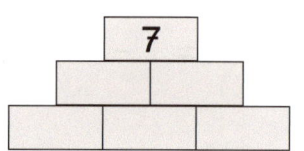

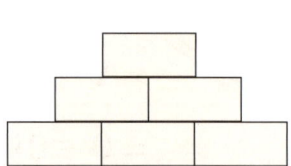   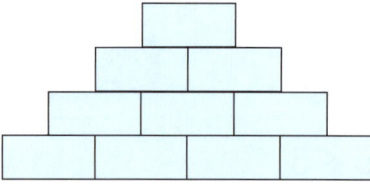   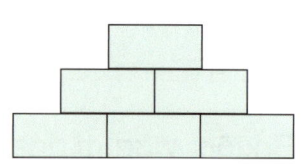

42

Zahlenzauber 1 – Arbeitsheft © 2014 Oldenbourg Schulbuchverlag GmbH, München

Links und rechts – immer gleich viel

① Verbinde die Schachteln und schreibe die passenden Rechnungen nebeneinander.

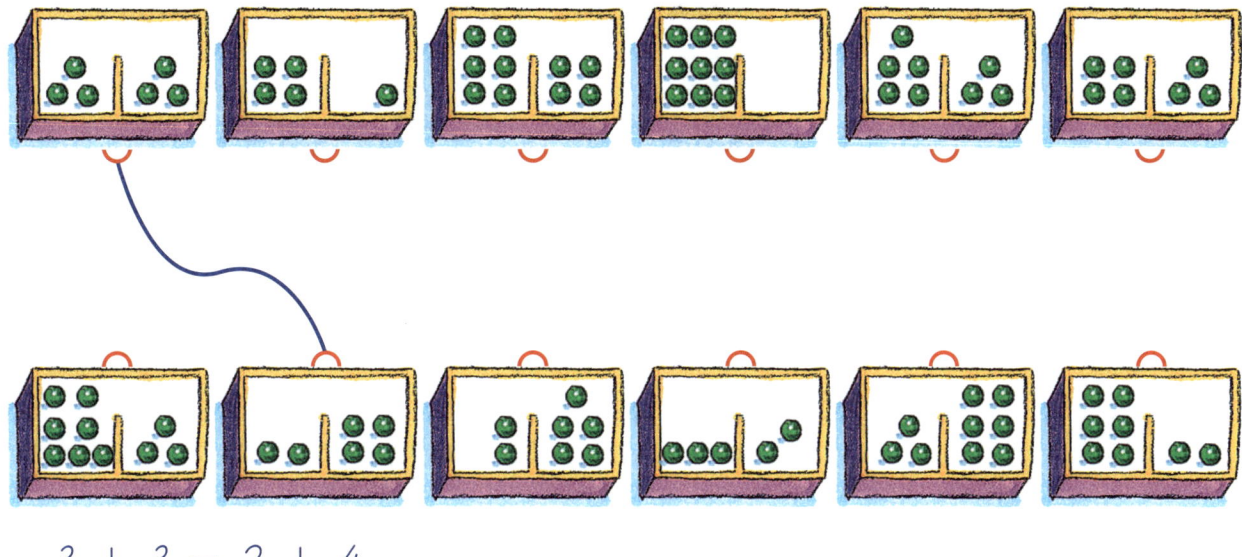

$3 + 3 = 2 + 4$ _____ _____

_____ _____ _____

② Verbinde die Karten mit dem gleichen Ergebnis.

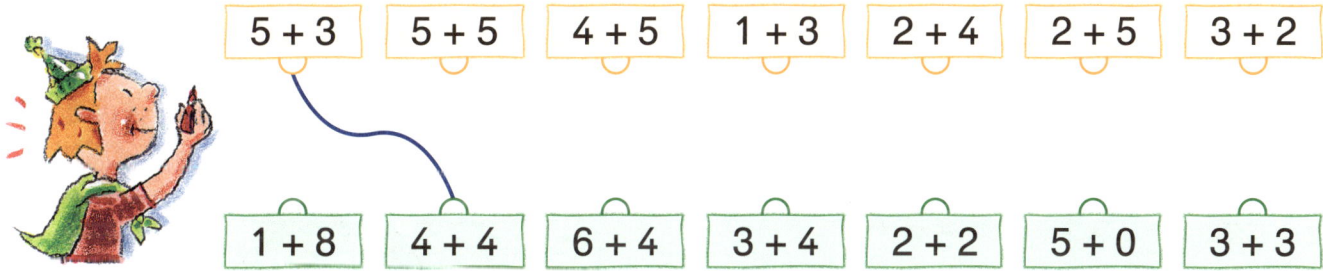

| 5 + 3 | 5 + 5 | 4 + 5 | 1 + 3 | 2 + 4 | 2 + 5 | 3 + 2 |

| 1 + 8 | 4 + 4 | 6 + 4 | 3 + 4 | 2 + 2 | 5 + 0 | 3 + 3 |

③ Links und rechts ist immer gleich viel. Trage die fehlende Zahl ein.

a)

$8 = \underline{4} + 4$ $10 = 2 + \underline{}$

$6 = \underline{} + 2$ $6 = 1 + \underline{}$

$7 = \underline{} + 5$ $8 = 5 + \underline{}$

$9 = \underline{} + 6$ $9 = 0 + \underline{}$

$10 = \underline{} + 5$ $7 = 6 + \underline{}$

b)

$3 + \underline{4} = 7$ $\underline{} + 5 = 9$

$5 + \underline{} = 8$ $\underline{} + 2 = 7$

$7 + \underline{} = 10$ $\underline{} + 1 = 6$

$9 + \underline{} = 9$ $\underline{} + 6 = 8$

$2 + \underline{} = 6$ $\underline{} + 1 = 10$

④ Links und rechts ist immer gleich viel. Trage die fehlende Zahl ein.

$2 + 6 = \underline{} + 1$ $5 + \underline{} = 6 + 3$ $6 + \underline{} = 5 + 5$

$3 + 7 = 5 + \underline{}$ $\underline{} + 2 = 3 + 4$ $4 + 4 = 5 + \underline{}$

$1 + 8 = 4 + \underline{}$ $3 + \underline{} = 1 + 8$ $\underline{} + 2 = 5 + 0$

Dominosteine und Rechnungen vergleichen

① Vergleiche mit ⊙, ⊙, ⊜.

$2 + 3$ ◯ $4 + 2$

② Welches Zeichen passt? Siehst du es ohne zu rechnen?

$5 + 2$ < $6 + 2$	$1 + 7$ ◯ $1 + 9$	$2 + 4$ ◯ $3 + 3$
$8 + 1$ ◯ $7 + 1$	$4 + 5$ ◯ $2 + 5$	$4 + 6$ ◯ $5 + 4$
$3 + 4$ ◯ $4 + 3$	$6 + 3$ ◯ $6 + 1$	$5 + 3$ ◯ $6 + 2$
$2 + 6$ ◯ $2 + 7$	$9 + 0$ ◯ $0 + 9$	$1 + 8$ ◯ $2 + 5$

③ Vergleiche mit ⊙, ⊙, ⊜.

$8 - 2$ < $9 - 2$	$10 - 3$ ◯ $9 - 2$	$4 - 1$ ◯ $6 - 2$
$7 - 3$ ◯ $7 - 2$	$10 - 5$ ◯ $9 - 4$	$9 - 2$ ◯ $8 - 5$
$7 - 2$ ◯ $6 - 5$	$6 - 3$ ◯ $5 - 2$	$6 - 5$ ◯ $9 - 2$
$3 - 3$ ◯ $4 - 2$	$6 - 5$ ◯ $4 - 4$	$10 - 8$ ◯ $8 - 6$

④ Rechne.

$1 + 9 = 6 + \underline{}$ $10 - 8 = 6 - \underline{}$ $\underline{} + 9 = 10 - 1$

$4 + 5 = \underline{} + 2$ $9 - 5 = \underline{} - 3$ $8 - \underline{} = 2 + 2$

$9 + \underline{} = 5 + 5$ $9 - \underline{} = 5 - 2$ $3 + 7 = \underline{} - 0$

$\underline{} + 8 = 4 + 6$ $\underline{} - 6 = 4 - 0$ $10 - 5 = 1 + \underline{}$

Zahlenzauber 1 – Arbeitsheft © 2014 Oldenbourg Schulbuchverlag GmbH, München

① Welche Fragen kannst du beantworten? Kreuze an ☒.

☐ Wie viele 👦 sind im 🫐 ?

☐ Wann gehen die 👦 nach Hause?

☐ Wer hat ein 🟨 ?

☐ Wo ist die 🦆 ?

☐ Wie viele 👦 spielen ⚫ ?

② Male Frage und passende Antwort in der gleichen Farbe an.

Wie viele 👦 reiten?

Wie viele 🐴 sind es?

Wie viele 👦 haben einen 🪖 ?

5 👦 reiten.

Es sind 5 🐴 .

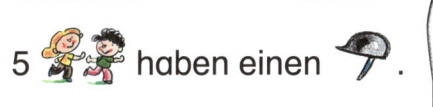

5 👦 haben einen 🪖 .

Es sind 3 🐴 .

7 👦 haben einen 🪖 .

3 👦 reiten.

Zahlenzauber 1 – Arbeitsheft © 2014 Oldenbourg Schulbuchverlag GmbH, München

① Am 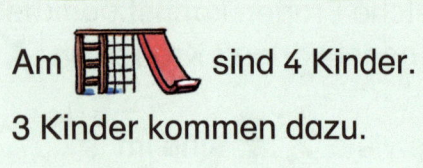 sind 4 Kinder.
3 Kinder kommen dazu.

F: Wie viele Kinder sind es jetzt?

R:

A: Es sind jetzt ___ Kinder.

② Auf der  sind 6 Kinder.
3 Kinder gehen weg.

F: Wie viele Kinder sind noch da?

R:

A: Es sind noch ___ Kinder da.

③ 8 Kinder sind auf dem 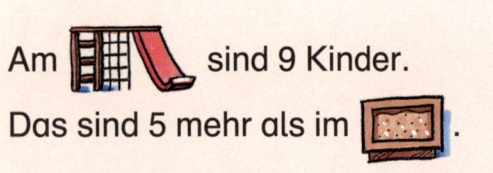 .
2 Kinder springen herunter.

F: Wie viele Kinder sind noch
auf dem 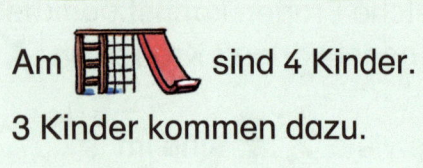 ?

R:

A: Es sind noch ___ Kinder
auf dem Klettergerüst.

④ Auf der sind 2 Kinder.
Im sind 3 Kinder
und auf dem sind 4 Kinder.

F: Wie viele Kinder sind es insgesamt?

R:

A: Es sind insgesamt ___ Kinder.

⑤ ★ Am sind 9 Kinder.
Das sind 5 mehr als im .

F: Wie viele Kinder sind im  ?

R:

A: Es sind ___ Kinder im Sandkasten.

F: Wie viele Kinder sind es insgesamt?

R:

A: Es sind insgesamt ___ Kinder.

46

Zahlenzauber 1 – Arbeitsheft © 2014 Oldenbourg Schulbuchverlag GmbH, München

1 Wie viele Plättchen sind es? Trage ein.

Z	E
1	4

Z	E

Z	E

Z	E

2 Male die Plättchen in das Zwanzigerfeld.

Z	E
1	3

Z	E
1	5

Z	E
1	7

Z	E
2	0

Z	E
1	8

Z	E
1	2

Z	E
1	1

Z	E
	9

3 Diese Karten sind durcheinandergeraten. Immer 4 Karten gehören zusammen. Male sie mit der gleichen Farbe an.

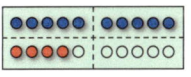 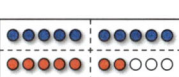 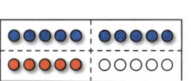 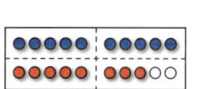 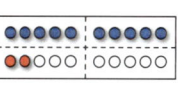

15	18	12	17	14

| siebzehn | vierzehn | zwölf | fünfzehn | achtzehn |

| 1 Z 8 E | 1 Z 2 E | 1 Z 5 E | 1 Z 7 E | 1 Z 4 E |

4 Rechne.

10 + 1 = __   10 + 3 = __   10 + 4 = __   ⭐ 20 + 1 = __

10 + 8 = __   10 + 9 = __   10 + 2 = __   20 + 2 = __

10 + 10 = __   10 + 7 = __   10 + 5 = __   20 + 3 = __

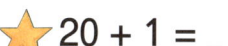

Trage die fehlenden Zahlen in die Raupe ein.
Male weiter.

① Trage die fehlenden Zahlen ein.

1	2				6			9	
		13		15					

② Welche Zahlen fehlen? Trage sie ein.

a)

4	5
14	15

1	
	12

16	17

	3
	13

b)

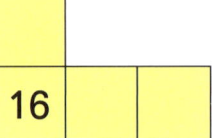

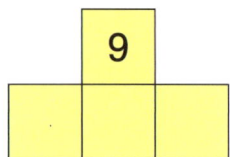

⭐ c)

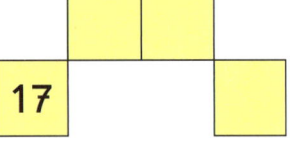

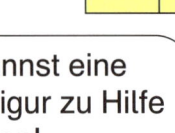

Du kannst eine Spielfigur zu Hilfe nehmen!

③ Wo landest du?

a)
Du stehst auf 10.
Gehe ein Feld nach unten. ___

b)
Du stehst auf 11.
Gehe ein Feld nach oben und eins nach rechts. ___

c)
Du stehst auf 15.
Gehe ein Feld nach oben. ___

d)
Du stehst auf 6.
Gehe ein Feld nach rechts und eins nach unten. ___

e)
Du stehst auf 7.
Gehe ein Feld nach links und eins nach unten. ___

f)
Du stehst auf 14.
Gehe ein Feld nach links und eins nach oben. ___

g) Stelle deinem Partner Zahlenrätsel.

Zahlenzauber 1 – Arbeitsheft © 2014 Oldenbourg Schulbuchverlag GmbH, München

Zwanzigerseil und Zahlenstrahl

① Wohin gehören die übrigen Karten? Verbinde.

0 1 2 — — 5 — 7 — 10 11 — 13 — — — 17 — — 20

3 4 6 9 8 12 16 15 14 18 19

② Nachbarzahlen

_11_	12	_13_
___	13	___
___	5	___
___	10	___
___	19	___

___	4	___
___	8	___
___	9	___
___	2	___
___	11	___

___	16	___
___	14	___
___	1	___
___	3	___
___	15	___

___	6	___
___	17	___
___	20	___
___	7	___
___	18	___

③ Vergleiche mit ⊗, ⊗, ⊗ (>, <, =).

19 ◯ 10   14 ◯ 15   11 ◯ 11   8 ◯ 9

3 ◯ 13   17 ◯ 13   13 ◯ 12   9 ◯ 10

15 ◯ 14   16 ◯ 19   12 ◯ 13   10 ◯ 11

20 ◯ 2   10 ◯ 10   13 ◯ 14   11 ◯ 12

7 ◯ 7   19 ◯ 9   14 ◯ 13   12 ◯ 12

④ Zähle in Schritten und schreibe die fehlenden Zahlen auf.

a) 1, 3, 5, ____, ____, ____, ____, 15
   +2

b) 1, 4, 7, ____, ____, ____, 19

Ein Zahlenstrahl hilft dir.

c) 15, 14, 13, ____, ____, ____, ____, 8

⭐ d) 1, 3, 2, 4, ____, ____, ____, ____, 5

⭐ e) 20, 19, 17, 16, 14, ____, ____, ____, ____, 7

Zahlenzauber 1 – Arbeitsheft © 2014 Oldenbourg Schulbuchverlag GmbH, München

① Ergänze achsensymmetrisch. Lege mit den Formen nach und male aus.

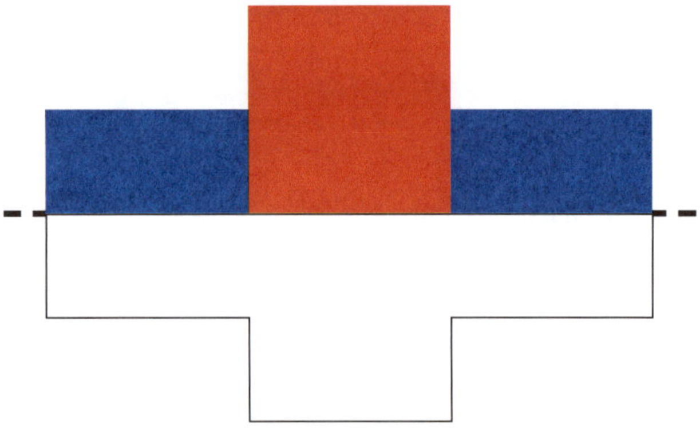

Das ist die Symmetrieachse.

② Es sollen immer zwei gleiche Hälften sein. Ergänze.

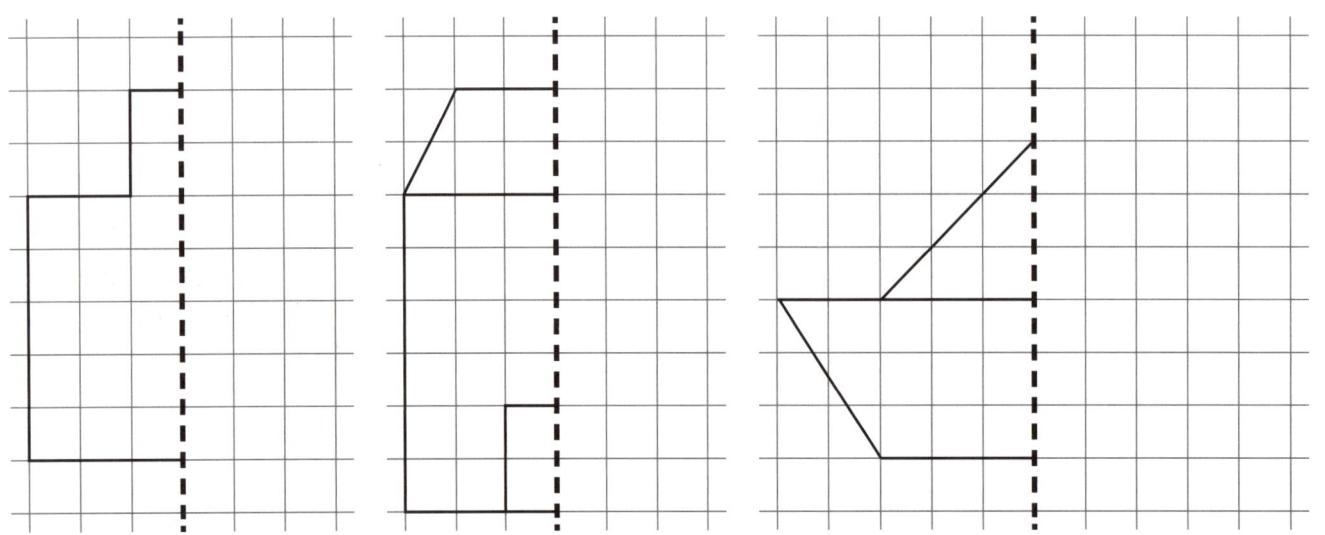

Zahlenzauber 1 – Arbeitsheft © 2014 Oldenbourg Schulbuchverlag GmbH, München

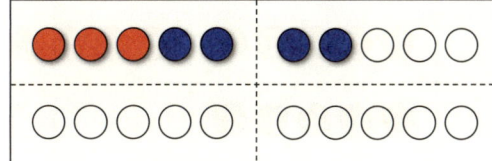
3 + 4 = ___   13 + 4 = ___

① Färbe die verwandten Aufgaben mit der gleichen Farbe. Rechne.

| 3 + 4 = 7 | | 13 + 4 = *17* | |

7 + 1 = ___

2 + 3 = ___   5 + 5 = ___   17 + 1 = ___   14 + 5 = ___

4 + 5 = ___   1 + 8 = ___   15 + 5 = ___   11 + 8 = ___

12 + 3 = ___

② Schreibe die kleine Aufgabe dazu. Rechne.

11 + 4 = ___   12 + 5 = ___   17 + 1 = ___   15 + 3 = ___
1 + ___ = ___   ___ + ___ = ___   ___ + ___ = ___   ___ + ___ = ___

13 + 6 = ___   17 + 3 = ___   14 + 4 = ___   16 + 2 = ___
___ + ___ = ___   ___ + ___ = ___   ___ + ___ = ___   ___ + ___ = ___

③ Rechne.

Denke an die kleine Aufgabe!

15 + 2 = ___   12 + 7 = ___   15 + 4 = ___   11 + 8 = ___

11 + 7 = ___   14 + 5 = ___   16 + 3 = ___   14 + 3 = ___

12 + 4 = ___   18 + 1 = ___   12 + 6 = ___   16 + 2 = ___

④ Rechne und setze das Päckchen fort.

12 + 5 = ___   14 + 3 = ___   13 + 7 = ___   10 + 6 = ___
12 + 6 = ___   14 + 4 = ___   14 + 6 = ___   12 + 4 = ___
12 + 7 = ___   14 + 5 = ___   15 + 5 = ___   14 + 2 = ___
12 + ___ = ___   14 + ___ = ___   ___ + ___ = ___   ___ + ___ = ___

Zahlenzauber 1 – Arbeitsheft © 2014 Oldenbourg Schulbuchverlag GmbH, München

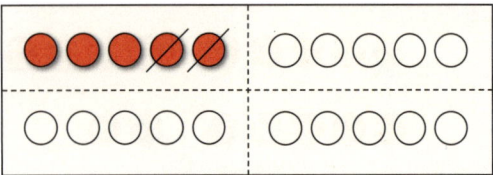

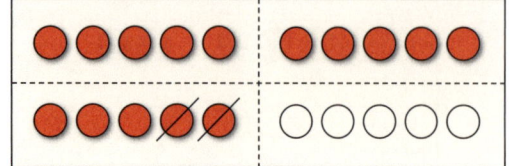

$$5 - 2 = \underline{\quad} \qquad\qquad\qquad 15 - 2 = \underline{\quad}$$

① Färbe die verwandten Aufgaben mit der gleichen Farbe. Rechne.

$5 - 2 = 3$		$15 - 2 = \underline{13}$	$17 - 3 = \underline{\quad}$
	$8 - 5 = \underline{\quad}$		
$2 - 2 = \underline{\quad}$		$18 - 5 = \underline{\quad}$	$14 - 0 = \underline{\quad}$
	$9 - 6 = \underline{\quad}$		
$7 - 3 = \underline{\quad}$		$19 - 6 = \underline{\quad}$	$12 - 2 = \underline{\quad}$
	$4 - 0 = \underline{\quad}$		

② Schreibe die kleine Aufgabe dazu. Rechne.

$17 - 3 = \underline{\quad}$	$14 - 2 = \underline{\quad}$	$13 - 2 = \underline{\quad}$	$18 - 6 = \underline{\quad}$
$\underline{7} - \underline{\quad} = \underline{\quad}$	$\underline{\quad} - \underline{\quad} = \underline{\quad}$	$\underline{\quad} - \underline{\quad} = \underline{\quad}$	$\underline{\quad} - \underline{\quad} = \underline{\quad}$
$18 - 4 = \underline{\quad}$	$16 - 5 = \underline{\quad}$	$19 - 8 = \underline{\quad}$	$15 - 4 = \underline{\quad}$
$\underline{\quad} - \underline{\quad} = \underline{\quad}$	$\underline{\quad} - \underline{\quad} = \underline{\quad}$	$\underline{\quad} - \underline{\quad} = \underline{\quad}$	$\underline{\quad} - \underline{\quad} = \underline{\quad}$

③ Rechne.

Denke an die kleine Aufgabe!

$14 - 3 = \underline{\quad}$	$18 - 5 = \underline{\quad}$	$16 - 1 = \underline{\quad}$	$15 - 4 = \underline{\quad}$
$17 - 5 = \underline{\quad}$	$19 - 3 = \underline{\quad}$	$17 - 6 = \underline{\quad}$	$18 - 3 = \underline{\quad}$
$16 - 4 = \underline{\quad}$	$16 - 5 =$	$19 - 4 = \underline{\quad}$	$19 - 7 = \underline{\quad}$

④ Rechne und setze das Päckchen fort.

$18 - 2 = \underline{\quad}$	$19 - 4 = \underline{\quad}$	$13 - 1 = \underline{\quad}$	$20 - 3 = \underline{\quad}$
$18 - 3 = \underline{\quad}$	$19 - 3 = \underline{\quad}$	$14 - 2 = \underline{\quad}$	$19 - 4 = \underline{\quad}$
$18 - 4 = \underline{\quad}$	$19 - 2 = \underline{\quad}$	$15 - 3 = \underline{\quad}$	$18 - 5 = \underline{\quad}$
$\underline{\quad} - \underline{\quad} = \underline{\quad}$	$\underline{\quad} - \underline{\quad} = \underline{\quad}$	$\underline{\quad} - \underline{\quad} = \underline{\quad}$	$\underline{\quad} - \underline{\quad} = \underline{\quad}$

Zahlenzauber 1 – Arbeitsheft © 2014 Oldenbourg Schulbuchverlag GmbH, München

① Verdopple. Male und rechne.

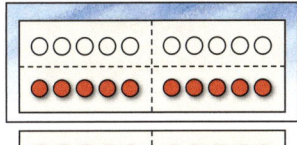

$10 + 10 = 20$

② Immer das Doppelte!

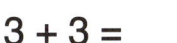
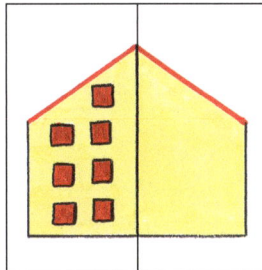

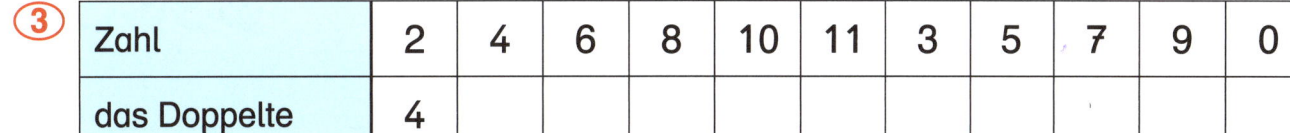

$3 + 3 =$ ___   ___ ◯ ___ = ___   ___ ◯ ___ = ___   ___ ◯ ___ = ___

③

Zahl	2	4	6	8	10	11	3	5	7	9	0
das Doppelte	4										

 **④**

Zahl	9										
das Doppelte	18	14	8	4	20	10	16	6	12	2	0

Zahlenzauber 1 – Arbeitsheft © 2014 Oldenbourg Schulbuchverlag GmbH, München

1 Halbiere. Schreibe die Rechnung auf.

$8 = 4 +$ ___ $14 =$ ___   ___   ___

2 Male Plättchen so in das Zwanzigerfeld, dass du gut halbieren kannst.

$12 =$ ___ $6 =$ ___ $20 =$ ___ $2 =$ ___

$18 =$ ___ $4 =$ ___ $16 =$ ___ $10 =$ ___

3 Halbiere. Zeichne und rechne.

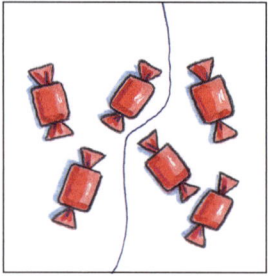  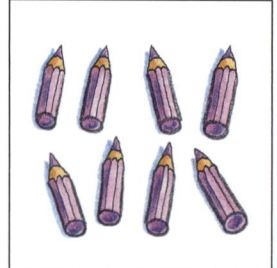 

$6 = 3 +$ ___   ___ $=$ ___ $+$ ___   ___ $=$ ___ $+$ ___   ___ $=$ ___ $+$ ___

___ $=$ ___ $+$ ___   ___ $=$ ___ $+$ ___   ___ $=$ ___ $+$ ___   ___ $=$ ___ $+$ ___

4

Zahl	12	8	6	10	2	20	14	18	4
die Hälfte			7	2	9	8		3	5

1 Wie viele Plättchen sind es?

$10 + 2 = 12$

$10 + 3 =$ _____

2 Zahlen und ihre Nachbarn

13	14	15
__	18	__
__	12	__

__	17	__
__	10	__
__	13	__

__	19	__
__	11	__
__	16	__

3 Die verwandte Aufgabe hilft. Rechne.

a)
$4 + 2 =$ __
$14 + 2 =$ __

$6 + 3 =$ __
$16 + 3 =$ __

$2 + 7 =$ __
$12 + 7 =$ __

b)
$7 - 4 =$ __
$17 - 4 =$ __

$8 - 2 =$ __
$18 - 2 =$ __

$4 - 3 =$ __
$14 - 3 =$ __

4 Halbiere.

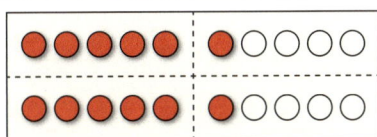

$12 = 6 +$ __

$18 =$ __ $+$ __

$14 =$ __ $+$ __

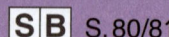

1 Verbinde die Karten mit dem gleichen Ergebnis.

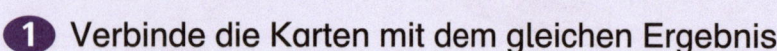

| 2 + 3 | 4 + 4 | 6 + 0 | 5 + 5 | 1 + 8 | 4 + 3 | 0 + 3 |

| 2 + 6 | 1 + 4 | 2 + 8 | 2 + 5 | 3 + 3 | 1 + 2 | 6 + 3 |

2 Vergleiche mit >, <, =.

6 + 2 < 4 + 5   6 − 2 ◯ 8 − 6   10 − 7 ◯ 9 − 2

7 − 3 ◯ 2 + 3   9 − 3 ◯ 4 + 4   8 + 2 ◯ 9 − 2

9 − 5 ◯ 7 − 3   4 + 3 ◯ 6 + 0   4 + 2 ◯ 9 − 2

3 Zu einer Zahl gehören immer vier Karten. Ergänze die Karten.

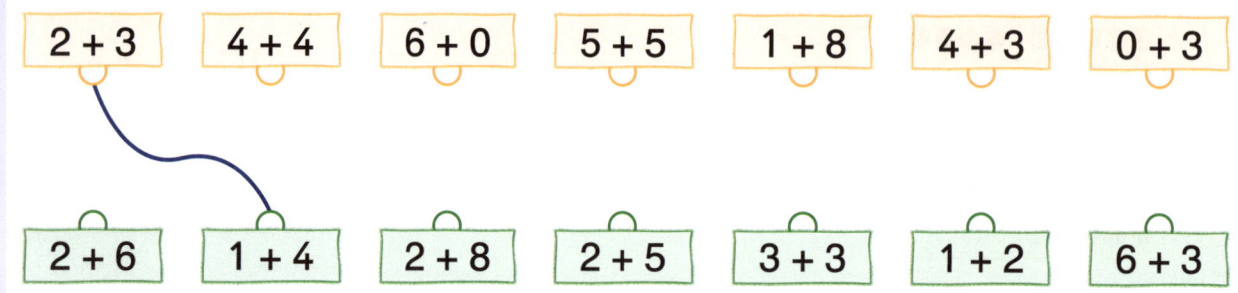

18	16	____	20	____
1Z 8E	_____	1Z 3E	_____	_____
achtzehn	_____	_____	_____	siebzehn

4 Verdopple.

0 + 0 = __   1 + 1 = __   2 + 2 = __   3 + 3 = __

4 + 4 = __   5 + 5 = __   6 + 6 = __   7 + 7 = __

8 + 8 = __   9 + 9 = __   10 + 10 = __   ⭐ 11 + 11 = __

5 Halbiere.

2 = 1 + __   4 = __ + __   6 = __ + __   8 = __ + __

10 = __ + __   12 = __ + __   14 = __ + __   16 = __ + __

18 = __ + __   20 = __ + __   0 = __ + __   ⭐ 22 = __ + __

56

Zahlenzauber 1 – Arbeitsheft © 2014 Oldenbourg Schulbuchverlag GmbH, München

① Schreibe alle Verdopplungsaufgaben bis 20 auf.

| *1* + *1* = __ | *2* + *2* = __ | __ + __ = __ | __ + __ = __ | __ + __ = __ |

| __ + __ = __ | __ + __ = __ | __ + __ = __ | __ + __ = __ | __ + __ = __ |

② Finde zu jeder Verdopplungsaufgabe 4 Nachbaraufgaben.

| 7 + 7 = __ | | 8 + 8 = __ |

6 + 7 = __ _____ _____ _____

_____ _____ _____ _____

③ Welche Verdopplungsaufgabe hilft? Hat dein Partner dieselbe
Verdopplungsaufgabe gewählt? Vergleicht.

8 + 7 = __   6 + 5 = __   7 + 6 = __   5 + 4 = __

7 + *7* = __   __ + __ = __   __ + __ = __   __ + __ = __

8 + 9 = __   9 + 8 = __   6 + 7 = __   7 + 8 = __

__ + __ = __   __ + __ = __   __ + __ = __   __ + __ = __

④ Verbinde Aufgabe und Hilfsaufgabe. Rechne.

| 6 + 7 = __ |

| 8 + 7 = __ | | 5 + 6 = __ |

| 5 + 5 = __ |

| 7 + 7 = __ | | 6 + 6 = __ |

| 9 + 8 = __ | | 8 + 8 = __ |

① Schreibe Aufgaben mit 10 auf.

| 10 + 1 = __ | 10 + 2 = __ | __ + __ = __ | __ + __ = __ | __ + __ = __ |

| __ + __ = __ | __ + __ = __ | __ + __ = __ | __ + __ = __ | __ + __ = __ |

② Die Nachbaraufgabe mit 10 hilft.

6 + 9 = __   3 + 9 = __   5 + 9 = __   7 + 9 = __

6 + 10 = __   __ + __ = __   __ + __ = __   __ + __ = __

9 + 4 = __   9 + 8 = __   9 + 6 = __   9 + 5 = __

10 + 4 = __   __ + __ = __   __ + __ = __   __ + __ = __

③ Färbe Aufgabe und Hilfsaufgabe gleich. Rechne.

10 + 3 = __

10 + 5 = __

8 + 10 = __

9 + 5 = __

9 + 7 = __

10 + 7 = __

9 + 3 = __

10 + 2 = __

10 + 6 = __

4 + 9 = __

4 + 10 = __

9 + 6 = __

9 + 2 = __

8 + 9 = __

④ Finde weitere passende Aufgaben. Schreibe sie in dein 📖.

Zahlenzauber 1 – Arbeitsheft © 2014 Oldenbourg Schulbuchverlag GmbH, München

① a) Male die Aufgaben mit Zwischenstopp bei 10 an.

9 + 3 = ___	10 + 5 = ___	8 + 1 = ___	6 + 8 = ___	4 + 4 = ___
8 + 5 = ___	7 + 5 = ___	4 + 8 = ___	5 + 2 = ___	5 + 9 = ___

b) Rechne die Aufgaben ohne Zwischenstopp aus.

② Male und rechne.

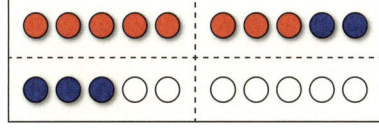

8 + 5 = ___
8 + 2 + 3 = ___

9 + 6 = ___
9 + 1 + ___ = ___

6 + 7 = ___
6 + ___ + ___ = ___

5 + 7 = ___
5 + ___ + ___ = ___

7 + 8 = ___
7 + ___ + ___ = ___

4 + 9 = ___
4 + ___ + ___ = ___

③ Rechne mit einem Zwischenstopp bei 10.

a)
5 + 8 = ___
5 + 5 + ___ = ___

9 + 4 = ___
___ + ___ + ___ = ___

7 + 5 = ___
___ + ___ + ___ = ___

6 + 8 = ___
___ + ___ + ___ = ___

b)
8 + 4 = ___
   2   2

4 + 7 = ___

8 + 3 = ___

5 + 9 = ___

c)
7 + 6 = ___

8 + 6 = ___

6 + 9 = ___

4 + 8 = ___

④ Löse jetzt die restlichen Aufgaben aus ① im Kopf.

Zahlenzauber 1 – Arbeitsheft © 2014 Oldenbourg Schulbuchverlag GmbH, München

1 a) Male die Aufgaben mit Zwischenstopp bei 10 an.

| 14 – 6 = __ | 16 – 6 = __ | 12 – 8 = __ | 15 – 7 = __ | 11 – 4 = __ |
| 19 – 9 = __ | 18 – 7 = __ | 14 – 1 = __ | 17 – 5 = __ | 13 – 6 = __ |

b) Rechne die Aufgaben ohne Zwischenstopp aus.

2 Male und rechne.

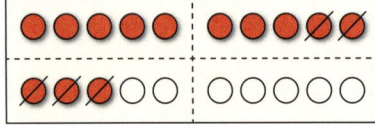

13 – 5 = __
13 – 3 – 2 = __

15 – 6 = __
15 – 5 – __ = __

12 – 7 = __
12 – __ – __ = __

16 – 9 = __
16 – __ – __ = __

11 – 8 = __
11 – __ – __ = __

14 – 5 = __
14 – __ – __ = __

3 Rechne mit einem Zwischenstopp bei 10.

a)
14 – 6 = __
14 – 4 – __ = __

15 – 7 = __
__ – __ – __ = __

11 – 4 = __
__ – __ – __ = __

11 – 7 = __
__ – __ – __ = __

b)
17 – 9 = __
__ __

12 – 8 = __
__ __

13 – 5 = __
__ __

14 – 9 = __
__ __

c)
17 – 8 = __
__ __

16 – 7 = __
__ __

14 – 8 = __
__ __

12 – 5 = __
__ __

4 Löse jetzt die restlichen Aufgaben aus **1** im Kopf.

Zahlenzauber 1 – Arbeitsheft © 2014 Oldenbourg Schulbuchverlag GmbH, München

① Welche Verdopplungsaufgabe hilft dir? Schreibe sie auf.
Vergleiche mit deinem Partner.

7 + 8 = __	5 + 6 = __	6 + 7 = __	7 + 6 = __
7 + 7 = _____	_____	_____	_____

6 + 5 = __	8 + 9 = __	8 + 7 = __	9 + 8 = __
_____	_____	_____	_____

② Rechne mit einem Zwischenstopp bei 10.

7 + 5 = __
  /\
 3   *2*

8 + 4 = __
  /\
 __   __

9 + 7 = __
  /\
 __   __

5 + 8 = __
  /\
 __   __

3 + 8 = __
  /\
 __   __

6 + 8 = __
  /\
 __   __

7 + 4 = __
  /\
 __   __

8 + 6 = __
  /\
 __   __

③ Nahe an der 10

5 + 9 = __	6 + 9 = __	8 + 9 = __	7 + 9 = __
5 + *10* = __	6 + *10* = __	8 + __ = __	7 + __ = __

9 + 7 = __	9 + 4 = __	9 + 3 = __	9 + 6 = __
10 + 7 = __	*10* + 4 = __	__ + __ = __	__ + __ = __

④ Rechne auf deinem Weg. Löse die Geheimschrift.

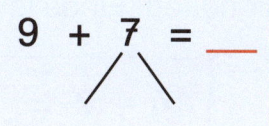

6 + 8 = *14*	Z	7 + 5 = __	☐
14 + 4 = __	☐	4 + 12 = __	☐
7 + 6 = __	☐	8 + 7 = __	☐
13 + 6 = __	☐	9 + 8 = __	☐
5 + 6 = __	☐	4 + 5 = __	☐
7 + 9 = __	☐		

9 = K
10 = W
11 = E
12 = T
13 = U
14 = Z
15 = I
16 = R
17 = C
18 = A
19 = B
20 = D

Zahlenzauber 1 – Arbeitsheft © 2014 Oldenbourg Schulbuchverlag GmbH, München

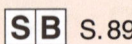

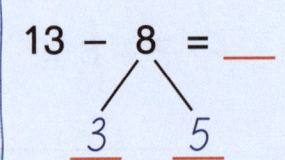

1 Rechne mit einem Zwischenstopp bei 10.

13 − 8 = __ ⁄＼ 3 5	12 − 7 = __ ⁄＼ __ __	15 − 6 = __ ⁄＼ __ __	17 − 8 = __ ⁄＼ __ __
15 − 9 = __ ⁄＼ __ __	14 − 8 = __ ⁄＼ __ __	16 − 7 = __ ⁄＼ __ __	12 − 5 = __ ⁄＼ __ __

2 Die Hälfte kann dir helfen. Finde jeweils zwei Aufgaben.

16 − 8 = __	14 − 7 = __	18 − 9 = __	12 − 6 = __
17 − 8 = __	15 − __ = __	__ − __ = __	__ − __ = __
15 − 8 = __	13 − __ = __	__ − __ = __	__ − __ = __

3 Nahe an der 10

13 − 9 = __	15 − 9 = __	14 − 9 = __	18 − 9 = __
13 − *10* = __	15 − *10* = __	14 − __ = __	18 − __ = __
16 − 9 = __	12 − 9 = __	17 − 9 = __	11 − 9 = __
__ − __ = __	__ − __ = __	__ − __ = __	__ − __ = __

4 Rechne auf deinem Weg. Löse die Geheimschrift.

16 − 9 = *7*   R   12 − 9 = __   ☐

14 − 8 = __   ☐   13 − 6 = __   ☐

13 − 4 = __   ☐   16 − 12 = __   ☐

17 − 9 = __   ☐   15 − 6 = __   ☐

12 − 6 = __   ☐   11 − 9 = __   ☐

15 − 10 = __   ☐

0 = Z	
1 = D	
2 = K	
3 = T	
4 = I	
5 = N	
6 = E	
7 = R	
8 = H	
9 = C	
10 = A	
11 = M	

Zahlenzauber 1 – Arbeitsheft © 2014 Oldenbourg Schulbuchverlag GmbH, München

Rechentricks:

Die Hälfte hilft. Das Doppelte hilft.	Nahe an der 10	Zwischenstopp bei 10

1 Wie rechnest du? Färbe wie oben: ⬤, ◯ oder ◯.

$7 + 8 = \underline{}$
$7 + 7 = 14$

$16 - 9 = \underline{}$

$6 + 8 = \underline{}$

$6 + 9 = \underline{}$

$12 - 7 = \underline{}$

$13 - 6 = \underline{}$

$8 + 3 = \underline{}$

$13 - 5 = \underline{}$

$9 + 8 = \underline{}$

$9 + 5 = \underline{}$

$14 - 9 = \underline{}$

$15 - 7 = \underline{}$

Wie hat dein Partner gerechnet? Haben alle in der Klasse gleich gerechnet?

2 Färbe wie in Aufgabe **1** und rechne im Kopf auf deinem Weg.

$17 - 9 = \underline{}$

$15 - 8 = \underline{}$

$5 + 7 = \underline{}$

$4 + 8 = \underline{}$

$5 + 6 = \underline{}$

$11 - 6 = \underline{}$

$14 - 5 = \underline{}$

$12 - 8 = \underline{}$

$13 - 9 = \underline{}$

$9 + 4 = \underline{}$

$7 + 9 = \underline{}$

$7 + 6 = \underline{}$

4, 4, 5, 7, 8, 9, 11, 12, 12, 13, 13, 16

Du darfst auch mehrere Gummibänder verwenden.

(1) Spanne und zeichne:

ein hohes Haus

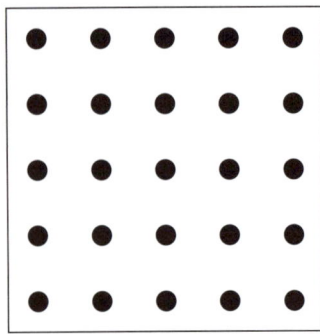

einen langen Pfeil

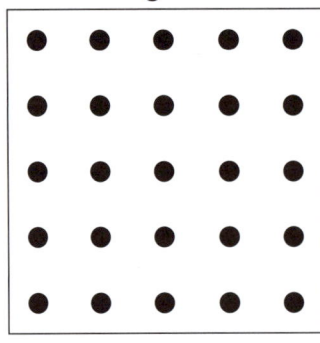

die Zahl 4

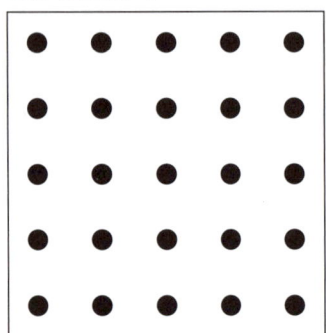

(2) Spanne und zeichne Quadrate:

das größte

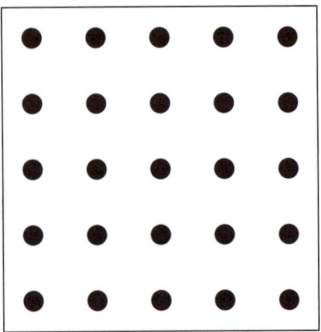

ein kleines

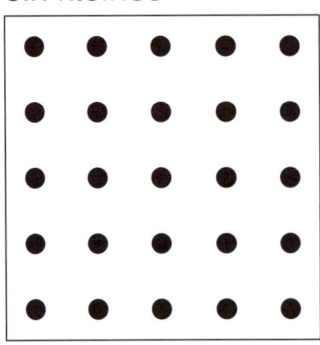

eines in der Mitte

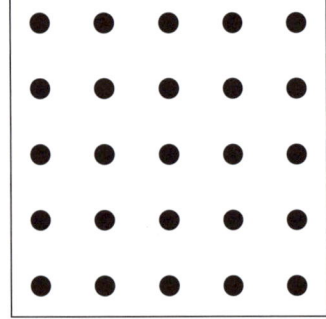

(3) Spanne und zeichne Dreiecke:

ein großes

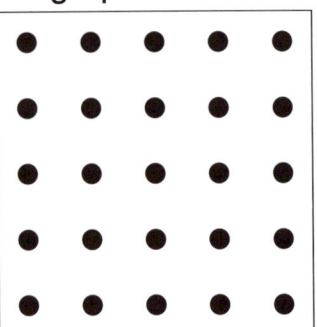

ein kleines

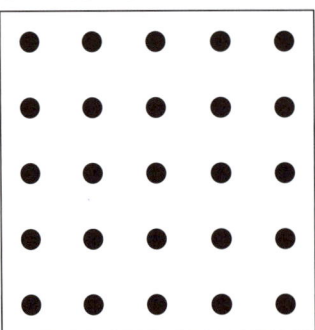

2 gleich große

(4) Ziehe das Gummiband immer um einen Nagel nach oben. Zeichne.

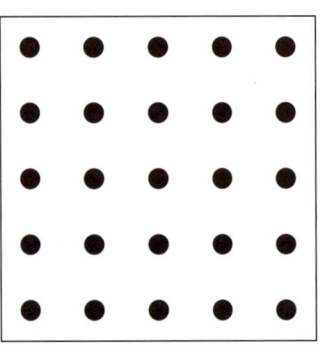

2. Figur

3. Figur

Zahlenzauber 1 – Arbeitsheft © 2014 Oldenbourg Schulbuchverlag GmbH, München

① Bim möchte eine blaue Kugel ziehen. Welche Kugeln könnten jeweils im Beutel sein? Male an. Verwende nur blau und rot.

sicher   unmöglich   möglich

Bei welchen Säcken gibt es jeweils nur eine Lösung?

② Simsala will eine Kugel ziehen.
Was könnte passieren? Kreuze an.

Vergleicht eure Ergebnisse bei Aufgabe 2, 3 und 4 in der Klasse.

☐ Es ist unmöglich , dass sie eine blaue Kugel zieht.

☐ Es ist möglich , dass sie eine blaue Kugel zieht.

☐ Es ist sicher , dass sie eine rote Kugel zieht.

☐ Es ist eher wahrscheinlich , dass sie eine rote Kugel zieht.

③ Bim will eine Kugel ziehen. Was könnte passieren?

☐ Es ist sicher , dass er eine rote Kugel zieht.

☐ Es ist sicher , dass er eine blaue Kugel zieht.

☐ Es ist unmöglich , dass er eine blaue Kugel zieht.

☐ Es ist möglich , dass er eine blaue Kugel zieht.

④ Eulalia will eine Kugel ziehen. Was könnte passieren?

☐ Es ist sicher , dass sie eine rote Kugel zieht.

☐ Es ist unmöglich , dass sie eine rote Kugel zieht.

☐ Es ist sicher , dass sie eine blaue Kugel zieht.

☐ Es ist eher unwahrscheinlich , dass sie eine blaue Kugel zieht.

① Male zuerst. Schreibe dann die Rechnungen und Antworten dazu.

> Jule hat 13 Murmeln.
> Leon legt noch 5 dazu.

> Maximilian hat 17 Aufkleber gesammelt.
> Auf dem Heimweg verliert er 4 Aufkleber.

Rechnung:

Rechnung:

Antwort:

Antwort:

Jule hat jetzt _____ Murmeln.

Maximilian hat nur noch _____ Aufkleber.

② Finde die passenden Rechnungen.

> Michael legt 12 blaue Steine auf den Teppich. Leon nimmt 3 Steine weg.

> Corinna hat 12 Stofftiere. Beim Losen gewinnt sie noch 3 Tiere dazu.

> Susi hat auf ihrer Kette schon 13 Perlen. 6 Perlen kommen noch dazu.

> Uli und Eva brauchen 15 Bilder. 7 Bilder haben sie schon fertig.

> Anika hat 8 Ballons. Monika hat 5. Wie viele Ballons hat Anika mehr?

> Paul hat 15 Muscheln. Er verschenkt 3 Muscheln.

1 Rechne mit einem Zwischenstopp bei 10.

a)

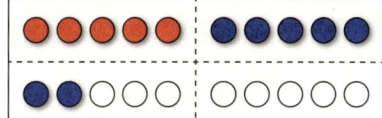

5 + 7 = __

5   2

6 + 5 = __

4   __

8 + 4 = __

__   __

b)

2 + 9 = __

__   __

4 + 8 = __

__   __

7 + 9 = __

__   __

c)

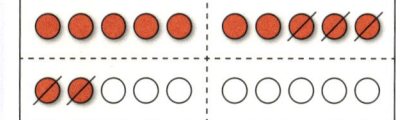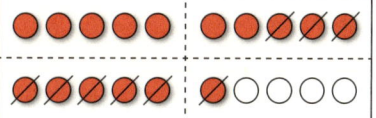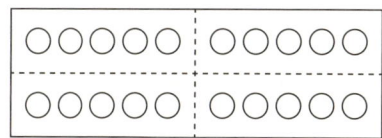

12 − 5 = __

2   3

16 − 9 = __

__   __

14 − 5 = __

__   __

d)

15 − 8 = __

__   __

13 − 6 = __

__   __

17 − 8 = __

__   __

2 Welche Rechnung passt? Kreuze an ☒.

☐ 2 + 10 = 12

☐ 12 − 10 = 2

☐ 7 + 2 = 9

☐ 7 − 2 = 5

☐ 2 + 4 = 6

☐ 4 − 2 = 2

1 Schreibe die Aufgabe und rechne.

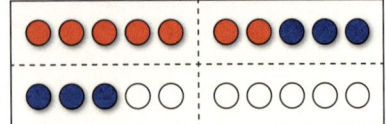   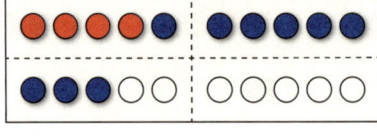   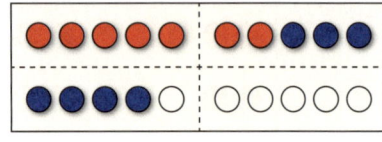

7 + 6 = ___   _____   _____

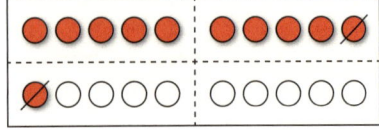   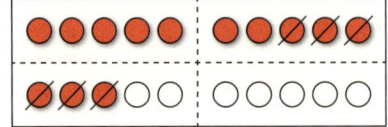

11 − 2 = ___   _____   _____

2 Rechne. Welche Rechentricks helfen dir?

> Manchmal braucht man auch gar keinen Trick.

2 + 9 = ___

4 + 15 = ___

4 + 7 = ___

_____   _____   _____

7 + 6 = ___

8 + 7 = ___

8 + 4 = ___

_____   _____   _____

13 − 9 = ___

14 − 9 = ___

12 − 6 = ___

14 − 8 = ___

_____   _____   _____   _____

15 − 7 = ___

13 − 7 = ___

17 − 8 = ___

16 − 8 = ___

_____   _____   _____   _____

 Wie hat dein Partner gerechnet? Vergleicht. Haben alle in der Klasse gleich gerechnet?

3 Plus ⊕ oder minus ⊖? Schreibe die Rechnung auf.

___ ◯ ___ = ___   ___ ◯ ___ = ___   ___ ◯ ___ = ___

Zahlenzauber 1 – Arbeitsheft © 2014 Oldenbourg Schulbuchverlag GmbH, München

① Male …

… einen Buben | hinter | den 🌿 .

… einen Ball | auf | die 🛏️ .

… ein Mädchen | in | das 🚪 .

… einen Hund | rechts neben | die 🏠 .

… einen Vogel | auf | die 🌴 .

… ein Flugzeug | über | die ⛰️ .

… eine Ente | unter | die 🛏️ .

Verstecke dich selbst im Bild.

② Wo ist was? Ergänze. | im | auf | hinter | zwischen |

Der Affe ist _____ dem 🪨 .

Die Hängematte ist _____ den 🌴 .

Die Katze ist _____ der 🏠 .

Die Ente ist _____ 🏊 .

> Vergleicht eure Bilder in der Klasse.

③ Wo könnte ein Schatz versteckt sein? _____

_____

① Wo kommst du an? Zeichne den Weg und male das Ziel.

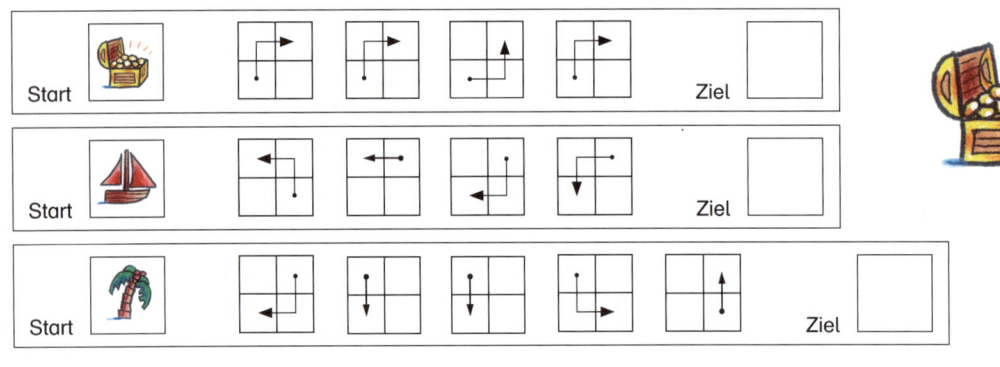

② Welcher Weg ist der richtige? Kreuze die Tanne an ☒.

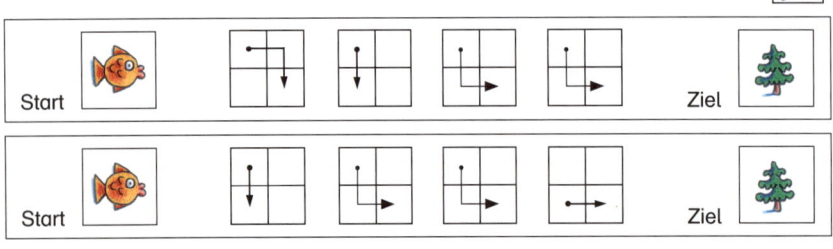

 ③ Wo ist der Start? Zeichne ein.

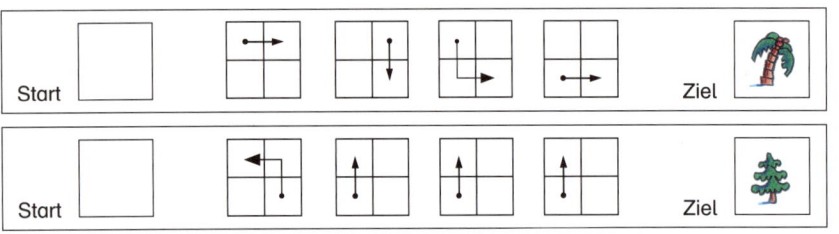

Zahlenzauber 1 – Arbeitsheft © 2014 Oldenbourg Schulbuchverlag GmbH, München

Das sind 15 Euro.

① Wie viel Geld ist es? Trage ein.

 ___ €

 ___ €

 ___ €

 ___ €

 ___ €

 ___ €

 ___ €

 ___ €

② Male die Geldbeträge.

7 €

5 €

9 €

14 €

6 €

13 €

18 €

12 €

Denke dir selbst Geldbeträge aus. Male sie in dein .

③ Immer 3 Münzen sind in einem Geldbeutel. Wie viel Geld kann es sein?
Vergleiche mit deinem Partner.

 ___ €

 ___ €

 ___ €

 ___ €

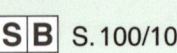

① Vergleiche mit >, <, =.

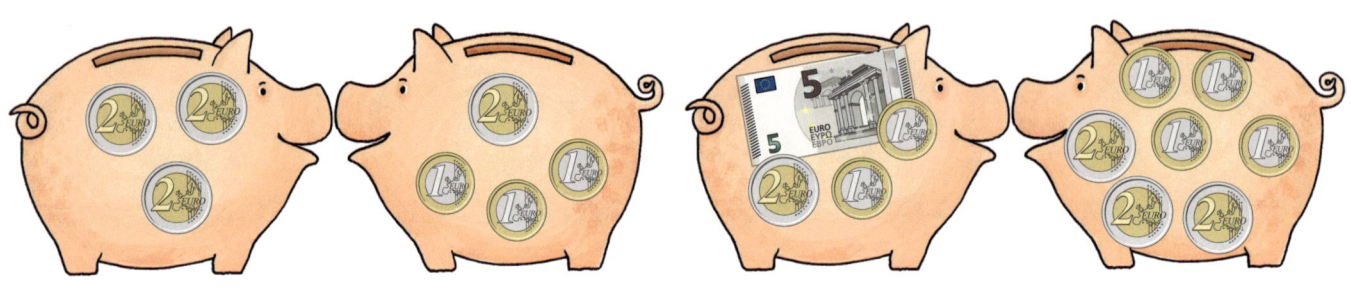

$6 \, € \; > \; 5 \, €$ ⬤ ____

____ ⬤ ____   ____ ⬤ ____

⭐ ② In einem Sack sind immer 10 €.

Überlege zuerst. Du kannst auch Geld zu Hilfe nehmen.

⭐ ③ In einem Sack sind immer 9 €.

Zahlenzauber 1 – Arbeitsheft © 2014 Oldenbourg Schulbuchverlag GmbH, München

6 €   3 €   4 €   2 €

① Wie viel musst du bezahlen? Schätze zuerst. Überprüfe dann durch Nachrechnen.

6 € + ___ € = ___ €

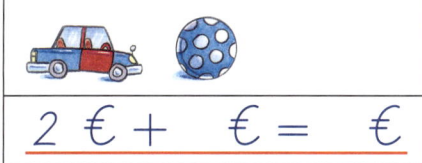  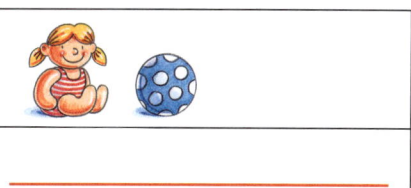

2 € + ___ € = ___ €

② Wie kannst du bezahlen? Male.

> Überlege: Welche Münzen und Scheine gibt es?

___ €

___ €

___ €

___ €

③ Wie viel bekommst du zurück?

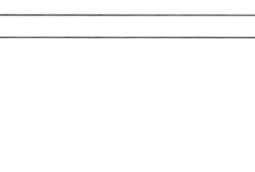	Ich gebe:	Ich bekomme zurück:
___ € + ___ € = ___ €		10 € − ___ € = ___ €

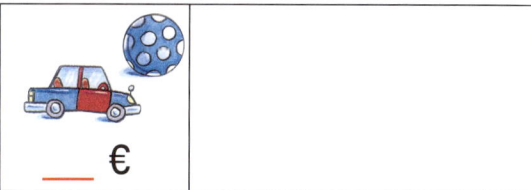	Ich gebe:	Ich bekomme zurück:
___ € + ___ € = ___ €		___ € − ___ € = ___ €

	Ich gebe:	Ich bekomme zurück:
___ € + ___ € + ___ € = ___ €		___ € − ___ € = ___ €

① Wie viel Geld ist es? Trage ein.

___ ct   ___ ct   ___ ct   ___ ct

___ ct   ___ ct   ___ ct   ___ ct

② Male die Geldbeträge.

  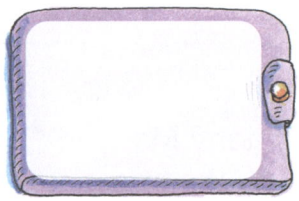 

15 ct   8 ct   19 ct   12 ct

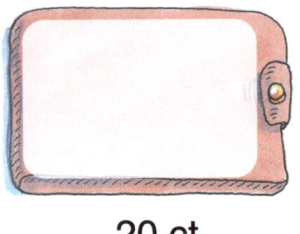   

20 ct   13 ct   3 ct   25 ct

Denke dir selbst Geldbeträge aus. Male sie in dein .

③ Welche Münzen fehlen? Ergänze sie.

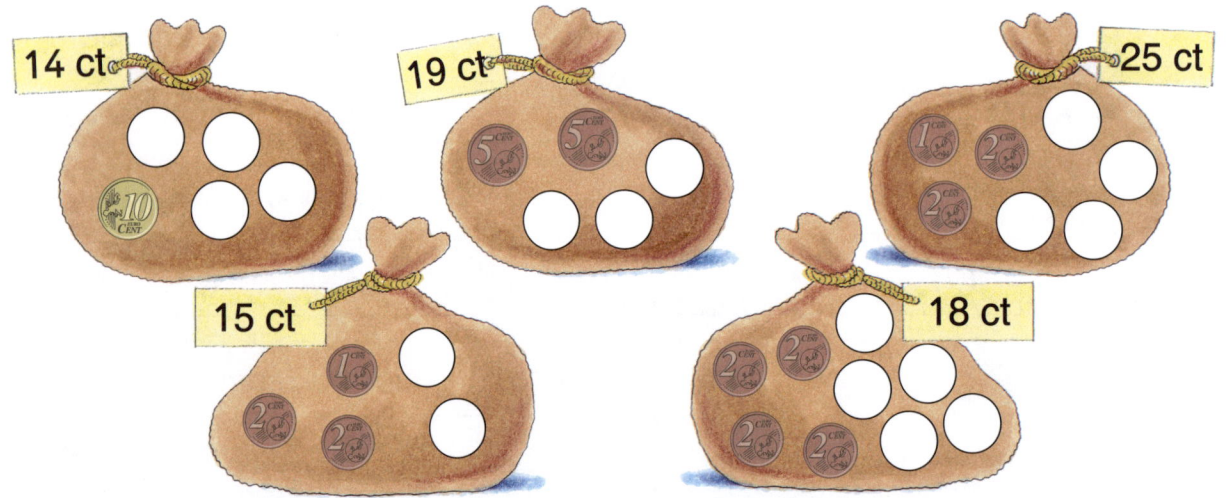

14 ct   19 ct   25 ct

15 ct   18 ct

Zahlenzauber 1 – Arbeitsheft © 2014 Oldenbourg Schulbuchverlag GmbH, München

① Springe vorwärts und rückwärts. Schreibe die passenden Rechnungen auf.

a)

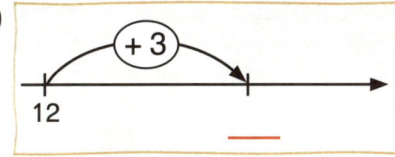

12 (+ 3) = ___

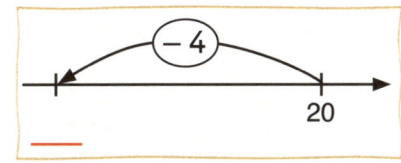

20 ( ) = ___

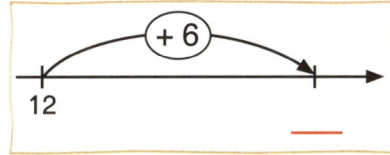

12 ( ) = ___

b)

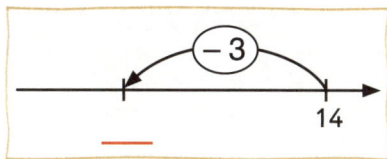

14 (− 3) = ___

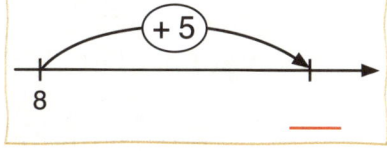

8 ( ) = ___

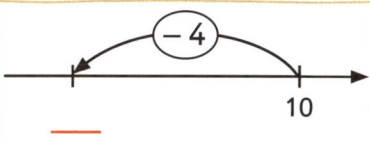

10 ( ) = ___

② Springen und umkehren:
Schreibe Aufgabe und Umkehraufgabe auf.

Sprung	Aufgabe	Umkehraufgabe
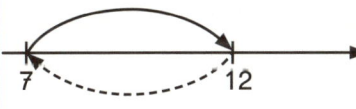	7 + 5 = 12	12 − ___ = 7
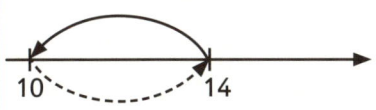	14 − ___ = 10	___ + ___ = 14
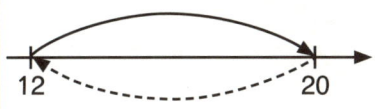	12 + ___ = ___	___ − ___ = 12
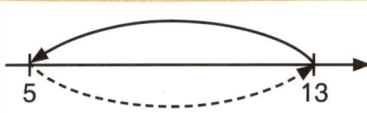	13 − ___ = ___	___ + ___ = 13

③ Finde die Startzahl.

___ + 3 = 10
10 − ___ = ___

___ + 6 = 11
11 − ___ = ___

___ − 4 = 9
9 + ___ = ___

___ − 2 = 8
8 + ___ = ___

① Wie viele Murmeln waren zu Beginn im Sack?
Schreibe die Rechnungen auf.

Wie lautet jeweils die Antwort?

a)

Ich habe einige Murmeln im Sack.
Ich gebe 10 Murmeln dazu. Jetzt habe ich 19 Murmeln.

Ich habe einige Murmeln im Sack.
Ich nehme 5 Murmeln heraus. Jetzt habe ich 15 Murmeln.

Ich habe einige Murmeln im Sack.
Ich nehme 7 Murmeln heraus. Jetzt habe ich 12 Murmeln.

R: __ + 10 = 19   R: __ − 5 = 15   R: __ − 7 = 12

b)

| Ich habe einige Murmeln im Sack. Ich nehme 3 weg. Jetzt habe ich 16. | Ich habe einige Murmeln im Sack. Ich gebe 8 dazu. Nun habe ich 11. |

R: __ − 3 = 16   R: __ + 8 = 11

c)

| Ich habe einige Murmeln im Sack. Ich gebe 9 dazu. Nun habe ich 20. | Ich habe einige Murmeln im Sack. Ich nehme 11 heraus. Nun habe ich 5. |

R: __ + 9 = 20   R: __ − 11 = 5

⭐ d)

| Anna bekommt 5 Murmeln von Susi und 6 Murmeln von Lisa. Jetzt hat sie 20. | Franz bekommt 6 Murmeln von Andreas. 3 Murmeln verschenkt er. Jetzt hat er 14. |

R: __ + 5 + 6 = 20   R: __ + 6 − 3 = 14

Überprüfe alle Aufgaben von ① durch Nachrechnen.

② Rechne.

__ + 4 = 17   __ − 7 = 13   __ + 7 = 12   __ − 6 = 12

__ + 9 = 11   __ − 5 = 12   __ − 8 = 8   __ + 6 = 12

__ + 8 = 19   __ − 6 = 9   __ + 9 = 14   __ − 6 = 6

Zahlenzauber 1 – Arbeitsheft © 2014 Oldenbourg Schulbuchverlag GmbH, München

① Was ist passiert? Erzähle und schreibe eine passende Rechnung auf.

a)

| Es sind 19 Murmeln im Sack. ★Simsalabim★. Nun sind es 3. | Es sind 15 Murmeln im Sack. ★Simsalabim★. Nun sind es 7. |

R: _19_ = 3   R: _15_ = 7

b)

| Es sind 17 Murmeln im Sack. ★Simsalabim★. Nun sind es 8. | Es sind 14 Murmeln im Sack. ★Simsalabim★. Nun sind es 19. |

R: _____   R: _____

② Löse die Rätsel.

a)

| Ich habe einige Murmeln im Sack. Ich gebe 4 dazu. Nun habe ich 11. Wie viele waren es am Anfang? | Es sind 14 Murmeln im Sack. ★Simsalabim★. Nun sind es 5. Was ist passiert? |

R: _____   R: _____

b)

| Es sind 9 Murmeln im Sack. ★Simsalabim★. Nun sind es 19. Was ist passiert? | Ich habe einige Murmeln im Sack. Ich nehme 3 weg. Jetzt habe ich 4. Wie viele waren es am Anfang? |

R: _____   R: _____

③ Rechne. Denke dabei an die Geschichten mit dem Murmelsack.

a)

__ + 3 = 8
__ + 5 = 12
17 − __ = 9
__ − 9 = 11
4 + 8 = __

b)

18 − 3 = __
__ − 12 = 6
17 + __ = 20
20 − __ = 3
__ + 7 = 14

c)

3 + __ = 11
__ − 2 = 19
__ + 5 = 15
__ + 4 = 17
13 − __ = 8

Uhrzeiten

① Trage beide Uhrzeiten ein.

☀ _17.00_ Uhr   ☀ _____ Uhr   ☀ _____ Uhr   ☀ _____ Uhr   ☀ _____ Uhr

🌙 _5.00_ Uhr   🌙 _____ Uhr   🌙 _____ Uhr   🌙 _____ Uhr   🌙 _____ Uhr

☀ _____ Uhr   ☀ _____ Uhr   ☀ _____ Uhr   ☀ _____ Uhr   ☀ _____ Uhr

🌙 _____ Uhr   🌙 _____ Uhr   🌙 _____ Uhr   🌙 _____ Uhr   🌙 _____ Uhr

② Trage die Zeiger in die Uhren ein.

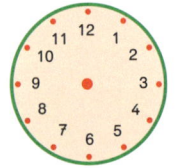 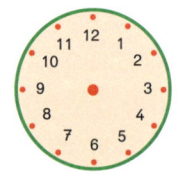 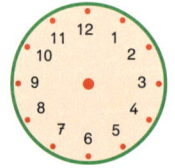 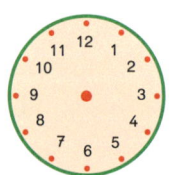 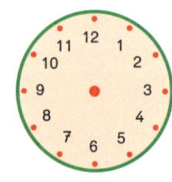

9.00 Uhr   13.00 Uhr   18.00 Uhr   10.00 Uhr   20.00 Uhr

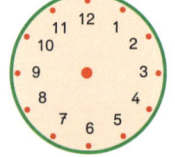 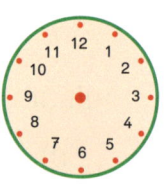 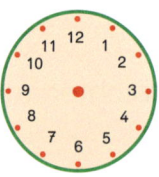 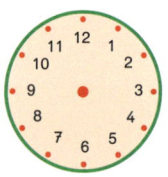 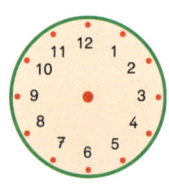

16.00 Uhr   3.00 Uhr   17.00 Uhr   12.00 Uhr   23.00 Uhr

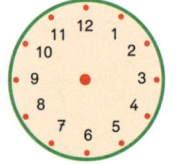 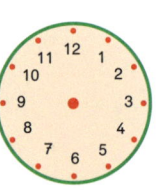 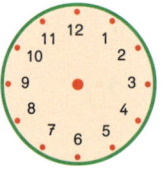 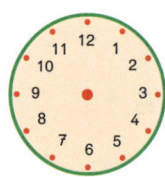 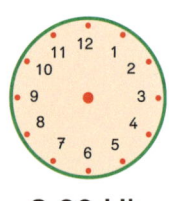

6.00 Uhr   19.00 Uhr   8.00 Uhr   11.00 Uhr   2.00 Uhr

Zahlenzauber 1 – Arbeitsheft © 2014 Oldenbourg Schulbuchverlag GmbH, München

1 Kreuze die gesuchte Uhrzeit an.

a)

In drei Stunden fängt das Theater an.

Das Theater beginnt um …

☐ 15.00 Uhr.

☐ 16.00 Uhr.

☐ 17.00 Uhr.

b)

Wir sind schon seit zwei Stunden unterwegs.

Die Kinder starteten um …

☐ 10.00 Uhr.

☐ 9.00 Uhr.

☐ 8.00 Uhr.

c)

In vier Stunden landet das Flugzeug.

Das Flugzeug landet um …

☐ 20.00 Uhr.

☐ 21.00 Uhr.

☐ 22.00 Uhr.

d)

Wir sind schon zwei Stunden auf dem Spielplatz.

Die Kinder kamen um …

☐ 12.00 Uhr.

☐ 13.00 Uhr.

☐ 14.00 Uhr.

e)

In drei Stunden beginnt die Geburtstagsfeier.

Die Feier beginnt um …

☐ 14.00 Uhr.

☐ 15.00 Uhr.

☐ 16.00 Uhr.

2 Was dauert länger? Kreuze an 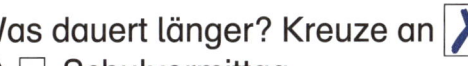.

a) ☐ Schulvormittag
   ☐ Spülmaschine ausräumen

b) ☐ Schulpause
   ☐ Kinofilm

c) ☐ Fußballspiel
   ☐ Zähneputzen

d) ☐ Schulweg
   ☐ in den Urlaub fahren

e) ☐ Kanarienvogel füttern
   ☐ eine Unterrichtsstunde

f) ☐ Schuhe anziehen
   ☐ Frühstücken

Sprecht in der Klasse über eure Ergebnisse.

① Ein Haus – viele Möglichkeiten
Du hast diese Dreiecke …   und diese Quadrate …

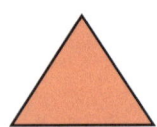 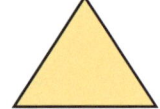 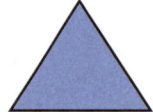   

Wie viele verschiedene Häuser kannst du damit legen? Vermute: _____

Male an.

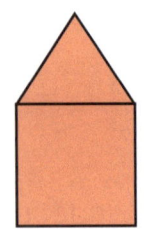 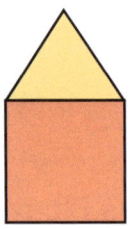 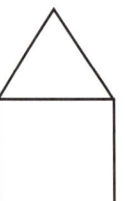   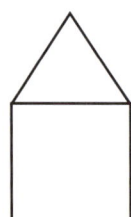

Bleiben Häuser übrig?

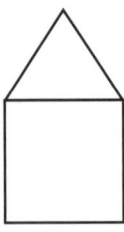    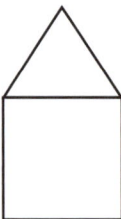 

② Stefan hat 3 kurze Hosen und 4 T-Shirts.

Welche verschiedenen Kombinationen kann er anziehen? Male an.

   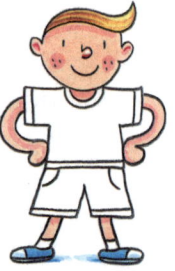 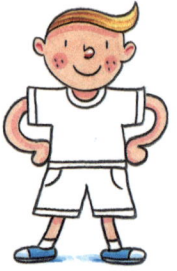 

Zahlenzauber 1 – Arbeitsheft © 2014 Oldenbourg Schulbuchverlag GmbH, München

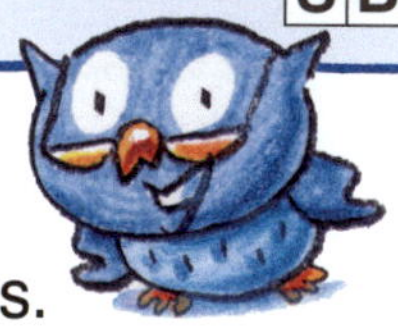

Schneide die Formen unten aus.
Lege damit die Figuren auf dieser und auf der nächsten Seite aus.

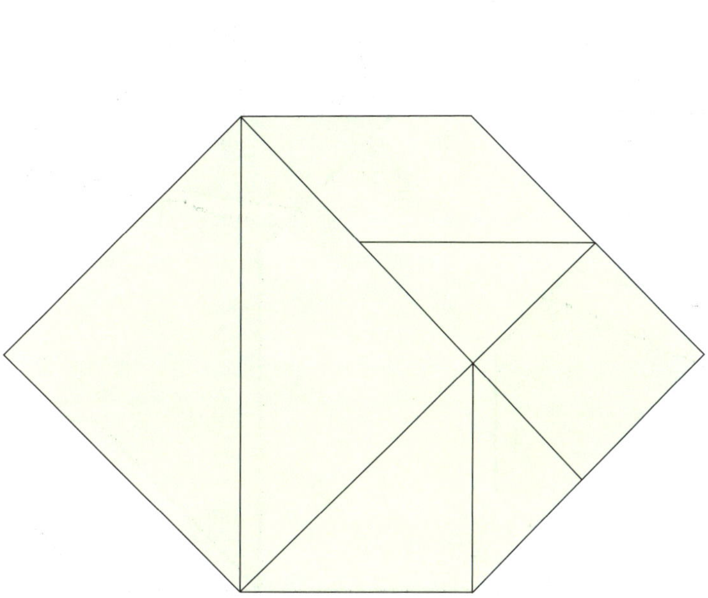

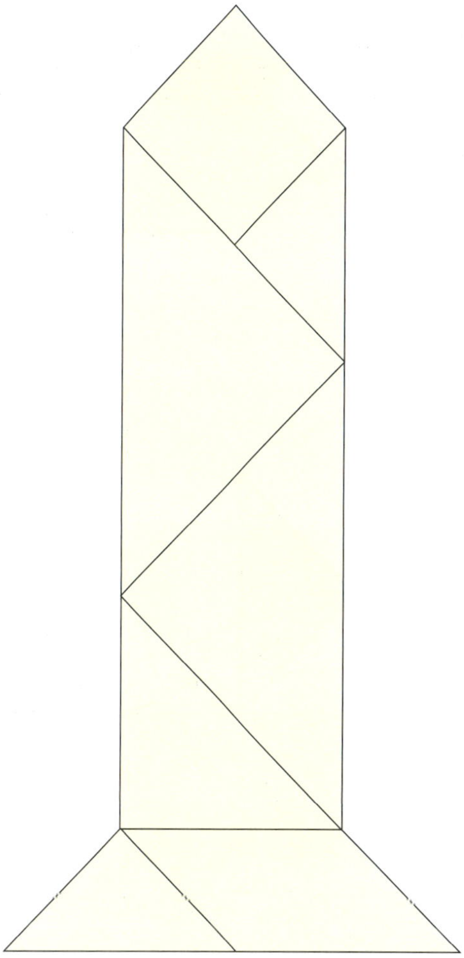

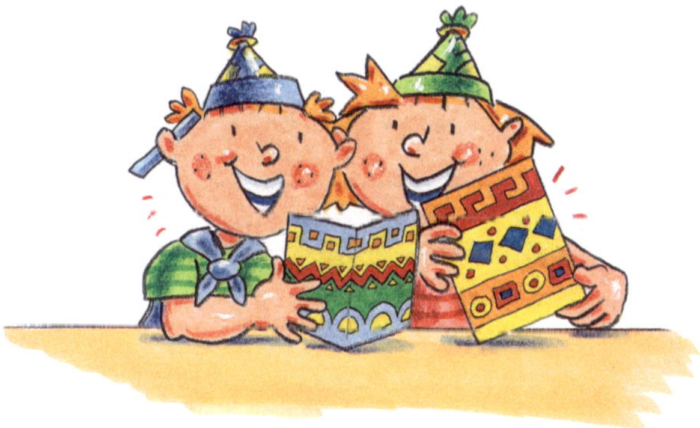

 Lege weitere Figuren. Dein Partner legt nach.
Vergleicht eure Figuren in der Klasse.

✂ -

T
A
N
G
R
A
M

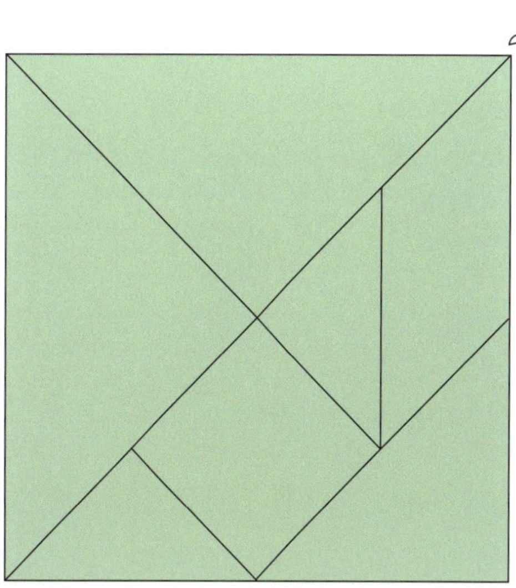

Zahlenzauber 1 – Arbeitsheft © 2014 Oldenbourg Schulbuchverlag GmbH, München

Knobelelefanten

① Trage die fehlenden Zahlen ein.

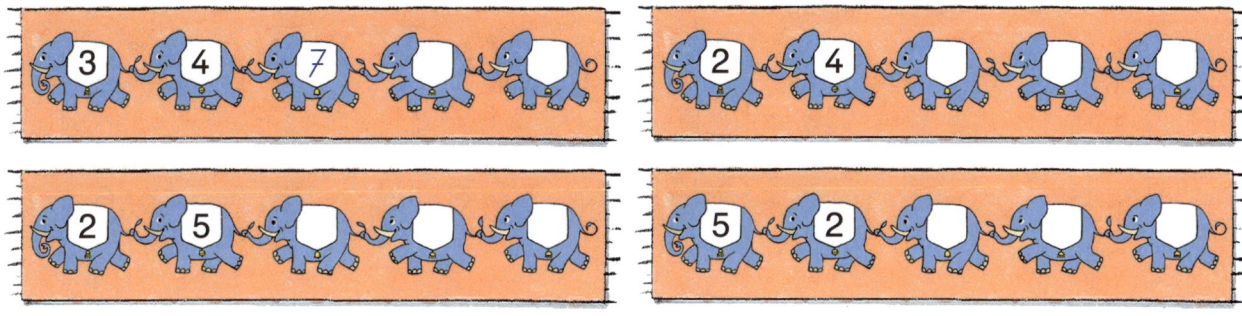

② Knobelelefanten

⭐ ③ Immer 18: Wie viele Lösungen findest du?

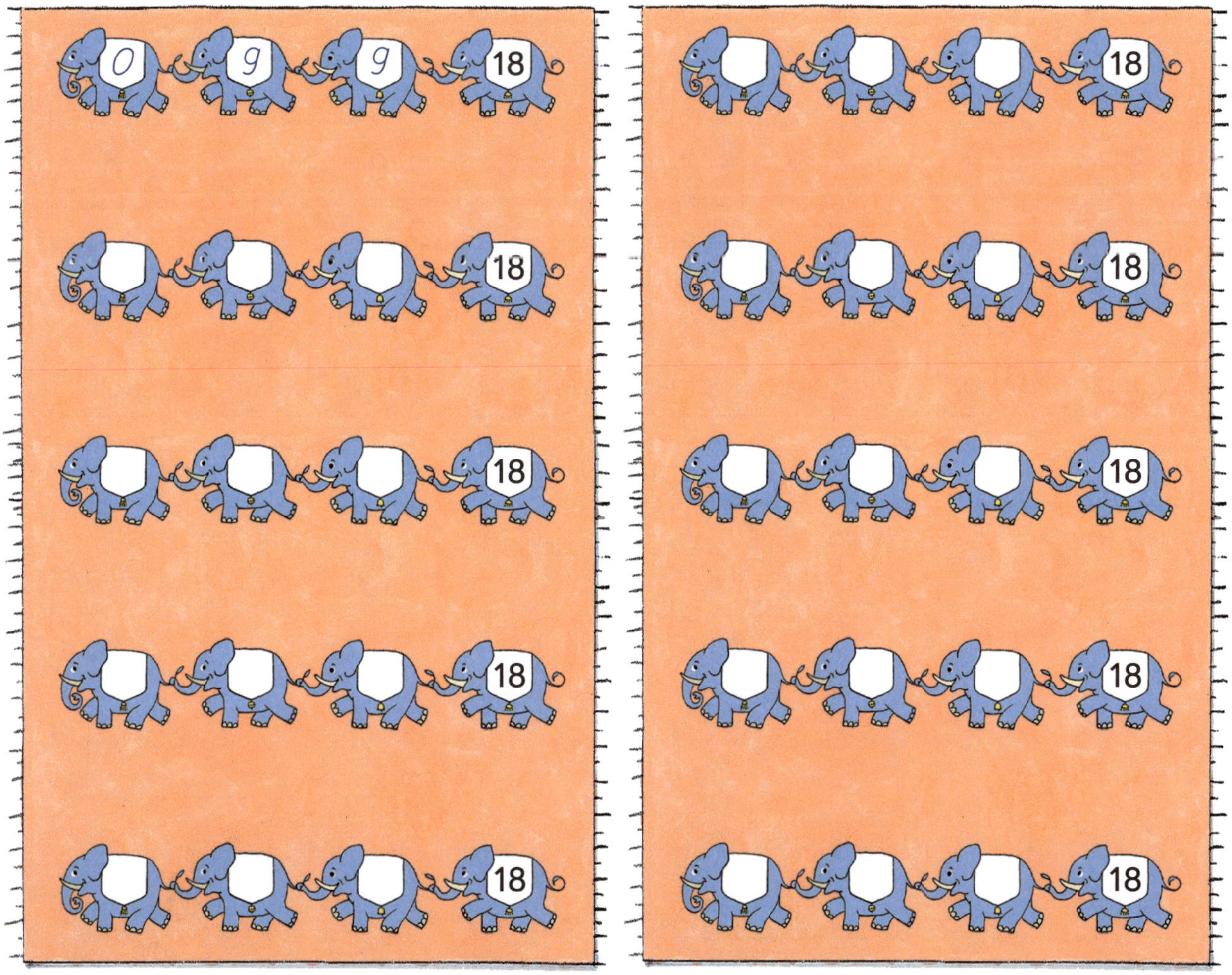

Vergleiche mit deinem Partner. Vergleicht in der Klasse.

Zahlenzauber 1 – Arbeitsheft © 2014 Oldenbourg Schulbuchverlag GmbH, München

Rechendreiecke

① Ergänze die Rechendreiecke.

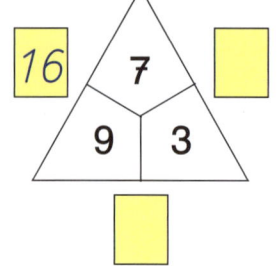 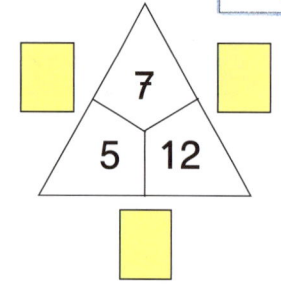 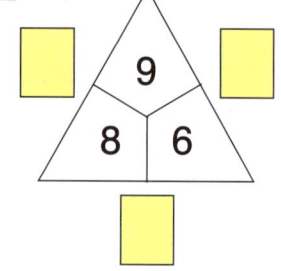 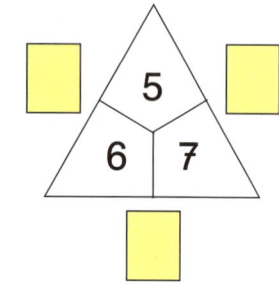

② Ergänze die Rechendreiecke.

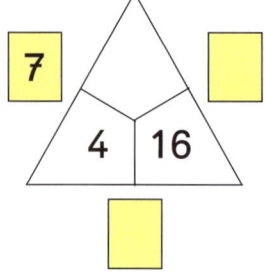 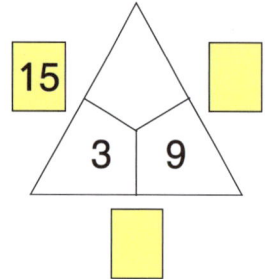 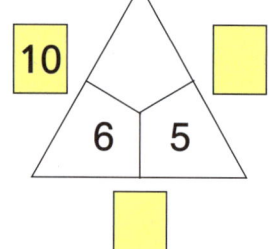 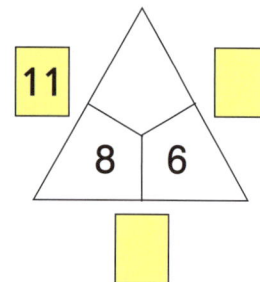

③ Ergänze die Rechendreiecke.

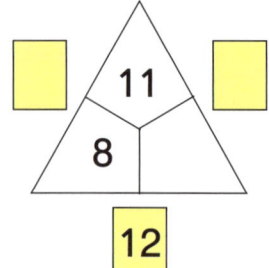 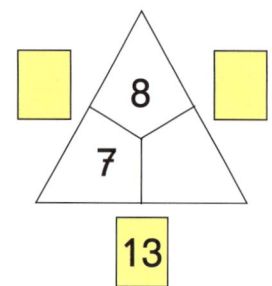 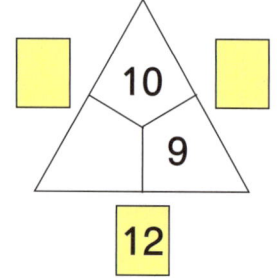 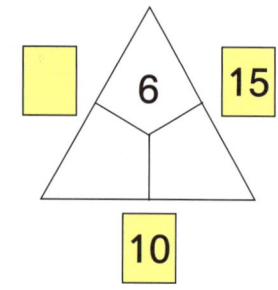

④ Es sind immer 12 Plättchen in einem Dreieck.

⭐ ⑤ Knobeldreieck

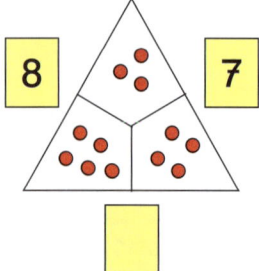 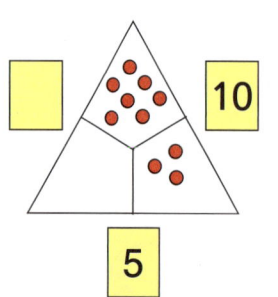

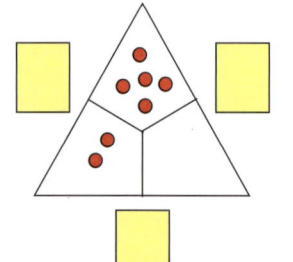 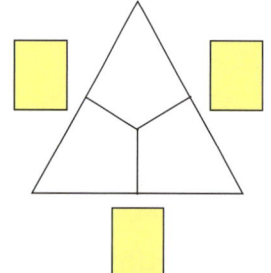

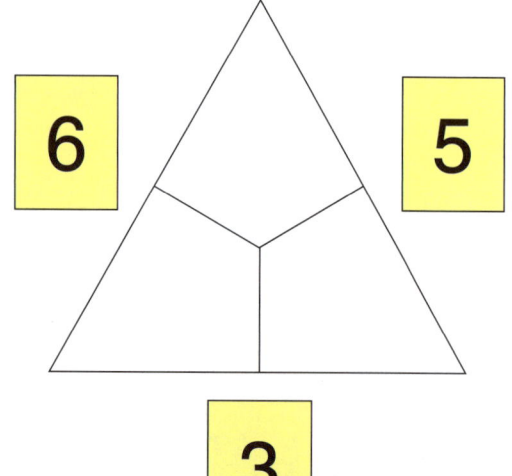

Auf dem Planeten der Mathener

① Baue die Mathener fertig.

② Diese Figuren wollen Mathener werden.

③ Mathener-Zwillinge gesucht.

a)

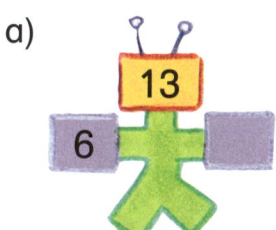 

b)

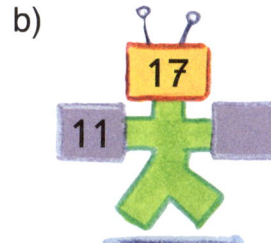 

c)

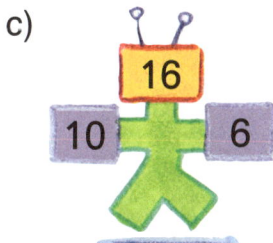 

d)

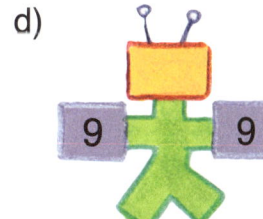 

④ Ufos der Mathener

Erfinde weitere Ufos in deinem 📖.

 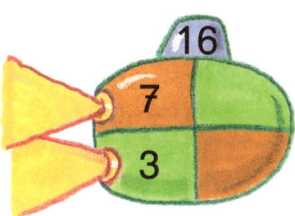  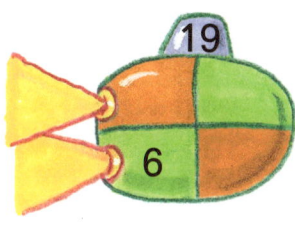

❶ Verdopple.   Halbiere.

4	8	3	9	2	10	5	6

12	18	10	20	14	8	16	6

❷ Zerlege.

10
6	4
	3
9	
	2
5	

12
10	
	9
7	
	8
6	

16
8	
	9
14	
	10
3	

18
9	
	12
11	
	5
15	

Du kannst auch weitere Häuser in dein 📖 schreiben oder diese Häuser im 📖 verlängern.

❸ Kleine und große Aufgaben

6 + 3 = ___	5 + 4 = ___	7 + 2 = ___	3 + 7 = ___
16 + 3 = ___	15 + 4 = ___	17 + 2 = ___	13 + 7 = ___

9 − 7 = ___	6 − 5 = ___	4 − 3 = ___	8 − 5 = ___
19 − 7 = ___	16 − 5 = ___	14 − 3 = ___	18 − 5 = ___

❹ Über den Zehner: Rechne auf deinem Weg.

9 + 6 = ___	8 + 4 = ___	14 − 7 = ___	11 − 8 = ___
7 + 8 = ___	9 + 4 = ___	18 − 9 = ___	14 − 9 = ___
6 + 8 = ___	7 + 6 = ___	16 − 8 = ___	16 − 7 = ___
8 + 5 = ___	7 + 4 = ___	17 − 9 = ___	15 − 6 = ___

Zahlenzauber 1 – Arbeitsheft © 2014 Oldenbourg Schulbuchverlag GmbH, München

1 Wie viel Geld ist es? Trage ein.

___ €   ___ €

2 Ergänze.

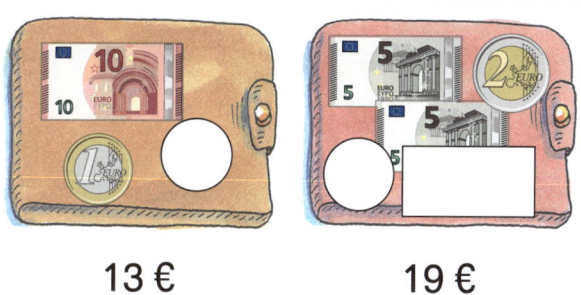

13 €   19 €

3

a) Wie viel musst du bezahlen?

5 € + ___ € = ___ €	_____	_____

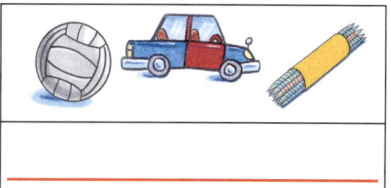

b) Wie viel bekommst du zurück?

	Ich gebe:	Ich bekomme zurück:
___ € + ___ € = ___ €	20	20 € − ___ € = ___ €
___ € + ___ € = ___ €	5 10	___ € − ___ € = ___ €

4 Löse die Rätsel. Schreibe die Rechnung auf.

Es sind 8 Murmeln im Sack. ★Simsalabim!★ Nun sind es 19 Murmeln.

Ich habe einige Murmeln im Sack. Ich nehme 9 Murmeln heraus. Jetzt habe ich 5 Murmeln.

Es sind 13 Murmeln im Sack. ★Simsalabim!★ Nun sind es 4 Murmeln.

___ ◯ ___ = ___   ___ ◯ ___ = ___   ___ ◯ ___ = ___

Zahlenzauber 1 – Arbeitsheft © 2014 Oldenbourg Schulbuchverlag GmbH, München

1 Gleiche Zeichen stehen für die gleiche Zahl. Trage die fehlenden Zahlen ein.

4 +  = 🍎
4 + ___ = ___

5 + ☁ = 🎉
5 + ___ = ___

🎉 − 2 = 🥨
___ − 2 = ___

12 − ☁ = 8
12 − ___ = 8

🎉 + 7 = 🐛
___ + 7 = ___

🐛 − 5 = 🍎
___ − 5 = ___

2 Zahl gesucht!
Tipp: Streiche die Luftballons durch, die es nicht sein können!

Die Zahl ist gerade.

Verdoppelst du die Zahl, ist das Ergebnis größer als 8.

Halbierst du die Zahl, liegt das Ergebnis zwischen 2 und 4.

3 Schwarzes Schaf! Welche Zahl passt nicht dazu? Kreise sie ein.

4 Geheimschrift: gleiches Symbol – gleiche Ziffer

⭐ + ⭐ = 🔺✏
___ + ___ = ___

❤ + ❤ = 🍬
___ + ___ = ___

🔺 + 🔺 = ❤
___ + ___ = ___

🔺 + ✏ = 🔺
___ + ___ = ___

🔺✏ − 🍬 = 🌸
___ − ___ = ___

🌸 − 🔺 = ⭐
___ − ___ = ___

Zahlenzauber 1 – Arbeitsheft © 2014 Oldenbourg Schulbuchverlag GmbH, München